JN098257

ライブラリ 経営学コア・テキスト=別巻2

コア・テキスト
経営学キーワード

高橋　伸夫

新 世 社

編者のことば

　経営学は常識の学問である。経営学はいまや現代人にとっての基本的なリテラシーの一部である。最新ニュースのほとんどに企業や組織がからみ，この世のほとんどすべての問題は，経営の問題として読み解くことができる。経営学はまさに現代社会の常識なのである。

　経営学は常識の学問である。経営学は科学であり，個々の理論やモデルが正しいかどうかはデータと事実が決める。しかもその検証作業は，一部の研究者たちだけの占有ではない。広く一般の人々も日々の実践の中で検証を繰り返し，その結果生き残った経営理論だけが，常識として広く世の中に定着していく。

　経営学は常識の学問である。経営学は常識にもかかわらず，学問としての体系をもっている。そこが普通の常識とは異なる。体系的に学び，体得することができる。実際，現代ほど学問として体系的な経営学の教科書が渇望されている時代はない。高校生から定年退職者に至るまで，実に多くの人から「経営学の良い教科書はどれか」と質問される。

　それでは，良い教科書の条件とは何か。第一に，本当に教科書であること。予備知識のない普通の人が，順を追って読み進めば，体系的に理解可能な本であること。第二に，学問的に確からしいことだけが書かれていること。もちろん学問には進歩があり，それまで正しいとされていたものが否定されたり，新しい理論が登場したりすることはある。しかし，ただ目新しくて流行っているというだけで根拠もなく取り上げるビジネス書とは一線を画する。そして第三に，読者がさらに学習を進めるための「次」を展望できること。すなわち，単体として良い本であるだけではなく，次の一冊が体系的に紹介され，あるいは用意されていることが望ましい。

　そのために，このライブラリ「経営学コア・テキスト」が企画された。経営学の「核となる知」を正しく容易に理解できるような「良い教科書」群を体系的に集大成する試み。そのチャレンジに，いま21世紀を担う新世代の経営学者たちが集う。

高橋　伸夫

まえがき

「キーワードだらけの経営学ガイドブック」

　新世社のライブラリ「ライブラリ経営学コア・テキスト」は，2007 年に第 1 巻が刊行されてから，これまでに計 14 巻が刊行された。新刊の刊行はまだ続くが，既刊も増刷され，第 2 版も出始め，しっかり読者をつかんでいるようで何よりだ。シリーズの編者として真面目にシリーズ全体を編集してきた者としては，肩の荷をやや下ろすとともに，感慨無量といったところである。

　このたび新世社から，コンパクトなキーワード集の企画が提案され，なるほど，良い企画だと思った。ありがたいことに，このシリーズは二色刷りで，キーワードを青色太字で明示している。キーワードを拾うのは簡単だろう……と，手始めに 1 冊を手に取ってキーワードを拾い始めたが，すぐにあきらめた。キーワードが多すぎて，一つ一つの意味を経営学辞典的に解説していたら，とてもコンパクトには収まらないし，へたをすると元の本に近いくらいの分量になってしまう。そして何よりも，キーワードを正確に理解するには，元の本を読むのが一番だという当たり前のことに気がついた。

　そこで私は考え方を変え，シリーズ全体の編者として「キーワードだらけの経営学ガイドブック」に「編集」することにした。書き進めるうちに，公務員試験対策として本書は好適だと思い始めた。過去に国家公務員採用 I 種（今の総合職）試験（経済）の試験専門委員を 11 年もやっていた経験者としてアドバイスさせてもらうと（公認会計士試験第 2 次試験の試験委員もやったことがあるが），公務員試験では，キーワードだらけの文章の正誤をきちんと判断できる力が求められている。その意味では，本書は 1 冊丸ごと全部が予想試験問題みたいなものである。

　もちろん，大学の定期試験等の試験対策として本書を読むのもかなり効率

的だが，試験対策を離れても，これだけまとまった「経営学コア・テキスト」シリーズを要領よく学ぶという観点からも，本書は有用である。見開き2ページ毎についている【**参考文献**】を見れば，どの巻のどの章に書いてあるのかが分かり，効率よく関連分野にたどり着ける。興味をもったら，ぜひ元の本の方を読んでほしい。そして，「経営管理・組織」「戦略・マーケティング」「生産・イノベーション」というかなり大括りの分野ですら飛び越えて，一つのキーワードがさまざまな分野で使われていることも知ってほしい。こうしたキーワードが共通語としての役割を果たし，さまざまな分野の研究が互いに触発し合い，統合され，一つの学問体系をなしている。そんな経営学の世界にようこそ。

2020年12月

高橋　伸夫

目　次

目
次

II　戦略・マーケティング　　　　　　　　　　　69

III　生産・イノベーション　127

目
次

【凡　例】

＊本文中のキーワードは「ライブラリ経営学コア・テキスト」の各巻同様に青色
　太字で示し，人名・会社名は黒色太字にしている。

＊解説末尾の【参考文献】中における書名は「コア・テキスト」を省略している。
　例：高橋（2020）『経営学入門 第 2 版』は，正しくは
　　　高橋伸夫（2020）『コア・テキスト経営学入門 第 2 版』となる。
　「ライブラリ経営学コア・テキスト」のラインナップについてはカバーの折返
　し部分に掲載している。

I

経営管理・組織

● I-1 経営管理

　経済学の父, 英国の**アダム・スミス**（Adam Smith）は『国富論』（1776 年）で, 有名なピン製造作業の分業（division of labor）を紹介した。18 世紀に英国で始まった産業革命が広がると, 社会や経済が発展するのに伴い, 職業の分業・職種の分業といった社会的分業も進んだ。

　19 世紀になると米国で鉄道ブームが起き, 鉄道会社は巨額資本で広大な国土に鉄道を建設し複雑な管理業務を行うようになり, 近代企業の誕生となった。こうなると作業の水平的分業だけでなく, 垂直的分業も起きて経営管理の重要性が増してくる。そのため, 出資や所有と関係のない専門経営者が台頭するようになり, 所有と経営の分離が起きた。20 世紀になると, 米国の多くの大企業では, 株式の分散が進んで, 所有者の支配力（任免権限）が効かなくなり, 専門経営者が自己永続的な存在となる所有と支配の分離の状態になっていった。

　19 世紀末から 20 世紀初頭の米国の工場では内部請負制が主流で, 現場では一括請負の職長（foreman；フォアマン, 親方）が成行き管理をしていた。そこで, **テイラー**（F. W. Taylor）は, 管理を現場任せにせずに, 科学的に課業管理をして労使共栄をめざす科学的管理法（scientific management）を唱えた。同じ頃, フランスでも, 経営管理論の始祖, **ファヨール**（H. Fayol）が『産業ならびに一般の管理』（1916 年）を発表する。その中で, 鉱山技師出身の専門経営者であったファヨールは 6 職能の一つとして管理的職能を挙げ, 管理するとは, 予測し, 組織し, 命令し, 調整し, 統制することであるとした。これが後に管理過程論・管理過程学派につながり, 現在も管理サイクルの形で残っている。さらにファヨールは第 1 原則分業の原則を含む 14 の管理原則を挙げていて, これが管理原則論の始まりとなった。

　フォード自動車は, 1908 年から T 型フォード（Model T）の生産を始め, 1927 年までに 1500 万台を生産した。フォード自動車の中で, 科学的管理法

は大量生産のための生産システムフォード・システムへと発展していった。ときにはフォーディズム（Fordism）とまで呼ばれ，学問的には生産管理やIE（industrial engineering）へとつながっていく。ただし，その一方で，1924～32年に，**ウエスタン・エレクトリック**のホーソン工場で行われたホーソン実験（Hawthorne experiments）では，科学的管理法的な仮説の検証はことごとく失敗し，非公式組織が人間の感情に影響し，それが生産性に影響するという人間関係論（human relations）が生まれた。

　そんな中で，経営管理論は組織論を通じて記述するべきだと組織論的管理論を展開したのが専門経営者バーナード（C. I. Barnard）で，主著『経営者の役割』（1938年）で近代組織論の創始者という評価を確立した。これを発展させて，**サイモン**（H. A. Simon）は，組織を限定された合理性（bounded rationality）しか持たない人間の意思決定の連鎖としてとらえ，その観点から組織現象を説明するための概念体系と理論的枠組みを確立した。

　他方，ナチス・ドイツを逃れ米国に亡命した心理学者レヴィン（K. Z. Lewin）は，バーナードと同時期，グループ・ダイナミクス（group dynamics；集団力学）という研究分野を作り出した。戦後になると行動科学（behavioral science）がムーブメントとなり，モチベーション理論，リーダーシップ理論といった組織行動論が形成され，人事労務管理論も人的資源管理論（human resource management；HRM）と呼ばれるようになった。

　1960年代以降，環境との関係も注目されるようになる。組織の環境適応を問うコンティンジェンシー理論（contingency theory）が登場し，環境の変化に適応するための経営戦略が論じられるようになる。経営史家チャンドラー（A. D. Chandler, Jr.）は，組織は戦略に従うとまで唱えた。そして単体の組織に関する議論にとどまらず，組織間関係論や産業集積論・クラスター論も説かれるようになる。

【参考文献】　高松・具（2019）『経営管理 第2版』第1章・第2章。高橋（2020）『経営学入門 第2版』第1章・第10章・第15章。粕谷（2019）『経営史』序章。

I

経営管理・組織

　個人事業ならば，その個人が亡くなると事業もなくなってしまう。そこで会社を設立・登記して法人となることで，個人の生死から解放されて将来にわたる継続企業ゴーイング・コンサーン（going concern）であることを前提にできるようになる。今日の大企業では，所有と支配の分離が進み，専門経営者が経営する経営者企業が一般的である。

　会社設立には，定款，資本金，取締役が必要になる。株式会社であれば，株式を買う形で出資するので，出資者は株主と呼ばれ，株主が出資額に応じて議決権を持つ株主総会で，経営者である取締役を選任・解任する。さらに取締役の中で互選して代表取締役を決める。一般的には，代表取締役社長が一番偉い経営者という会社が多いが，実は，会長，社長，専務，常務，執行役員は慣習名称で，この他にも経営トップの最高経営責任者 CEO（chief executive officer）やナンバー 2 の最高執行責任者 COO（chief operating officer）等，慣習名称は色々ある。

　このような「企業経営を管理する仕組み」をどのように構築するのかはコーポレート・ガバナンス（corporate governance；企業統治）の問題である。株式会社では，株主は，経営者に不満がある時，株式を売却して退出してもいいし，株主総会で発言してもいい。

　会社法によれば，代表的な会社機関の設計は 3 つある。日本で従来からある監査役会設置会社では，監査役がいて，経営者である取締役からなる取締役会のチェックを行っている。米国型の委員会設置会社は 2015 年の会社法改正で指名委員会等設置会社に名称変更されたが，取締役会の位置づけが大きく異なる。いわゆる経営者は執行役であり，取締役会が，その中で委員を選んだ次の 3 つの委員会で経営者をチェックする：①指名委員会（取締役の選任・解任の議案を決定する），②監査委員会（取締役・執行役を監査する），③報酬委員会（取締役・執行役の報酬を決定する）。ただし，各委員会の委員の

過半数は社外取締役でなければならない。この他に，監査役会設置会社と指名委員会等設置会社の折衷形態として，監査等委員会設置会社も2015年の会社法改正で加わった。もっとも，これらはいわゆる大企業の話であって，もっと小さな株式会社では，機関設計の自由化がかなり進められた。それに，大きい会社になると，実際には，法的制度ではない常務会や経営会議が実質的な最高意思決定機関である会社も多い。

　株式を証券取引所に上場している株式会社は，決算年度終了後3カ月以内に，会社の目的，商号，出資・資本，営業・経理状況，役員，発行有価証券などを記載した有価証券報告書を内閣総理大臣に提出しなければならない。これは電子開示システム EDINET（エディネット）で誰でも閲覧できる。これに加えて，米国で，エンロン事件をきっかけに「上場企業会計改革および投資家保護法」（法案を提出した二人の議員の名前から Sarbanes-Oxley Act 略して SOX 法とも呼ばれる）が2002年に成立したのを受けて，日本でもそれに倣って，2007年に証券取引法が金融商品取引法に改題された際に，内部統制報告書の提出が義務づけられ，偽った場合は懲役や罰金が科せられることとなった。また2015年には東京証券取引所がコーポレートガバナンス・コードを発表し，実施できない上場企業に理由の説明を求めている。

　もちろん，企業には法を遵守する責任コンプライアンス（compliance）がある。企業不祥事を未然に防ぎ，不祥事が起きてしまったときには被害を最小限度に抑えるコンプライアンス経営が求められ，多くの企業でコンプライアンス委員会が設置されている。同時に内部通報制度を設けて，企業内部で問題解決を図る試みも行われている。

　営利の会社以外にも非営利組織（nonprofit organization；NPO）や20世紀末にできた NPO 法（特定非営利活動促進法）が規定する NPO 法人（特定非営利活動法人）なども存在感を増している。

【参考文献】　高松・具（2019）『経営管理 第2版』第1章・第7章・第13章。高橋（2020）『経営学入門 第2版』序章・第1章・第17章。粕谷（2019）『経営史』序章・第1章。

　この世には，会社や大学，大学内のゼミやサークル，あるいは草野球チームなど様々な組織が存在している。組織はシステムつまり相互に関係する要素の複合体であり，個々の要素の特性は要素間の関係で決まる。これを構成的特性というのだが，たとえば同じメンバーで固定している草野球チームであっても，守備位置や打順を変えればメンバーの役割は変わり，その工夫次第でチームの強さが変わる。

　近代組織論の創始者バーナード（C. I. Barnard）は，こうした組織を協働システム（cooperative system）と呼び，その要素を結び付けている「2人以上の人々の意識的に調整された活動や諸力のシステム」を公式組織（formal organization）と呼んだ。公式組織は，その存在を仮定すると現象を容易に説明できるという構成概念（construct）だが，バーナードは，次の3条件がそろったときに公式組織が成立すると考えた。

（a）コミュニケーション

（b）貢献意欲

（c）共通目的

　そして，組織の存続条件として，次の2つを考え，短期的にはどちらか，長期的にはどちらも必要になると考えた。

A）組織の目的の達成の程度として組織の有効性（effectiveness）

B）必要な個人的貢献を確保するに足るだけの誘因を提供できる組織の能力である組織の能率（efficiency）

　その上で，こうやって公式組織を成立・存続させることで，協働システムを維持することこそが経営者の役割だと論じたのである。

　サイモン（H. A. Simon）は，組織の能率の概念を発展させて，社内の従業員だけでなく，社外の顧客，投資家，サプライヤー（supplier；原材料や部品の供給業者）なども含む組織の参加者（participant）を考え，その各参加者に

組織が誘因（inducement）を供与し，各参加者の十分な貢献（contribution）を引き出すのに成功しているとき，組織は存続すると考え，その状態を組織均衡（organizational equilibrium）と呼んだ。

実際，組織は企業という境界を超えて存在するシステムである。たとえば，自動車ディーラーの店頭で新車を注文すると，ディーラーも自動車会社もサプライヤーも法律上は別会社なのに，一つの組織として機能して，自動車が納車される。こうした組織の見方に基づいた組織論を超企業・組織論と呼んでいる。

一般に，組織論は，分析レベルとして，①組織の中の個人や②組織の中の（小）集団を扱うミクロ組織論と，③組織そのものや④組織の組織を扱うマクロ組織論に大別される。このうち，①と②を扱う学問としては行動科学的経営学である組織行動論があり，その成り立ちからモチベーション管理の理論である動機づけ理論を核に，リーダーシップ論や組織学習論にも広がり，心理学的な色彩が強い。そのため，日本では組織行動論をミクロ組織論に入れてしまっているが，米国では組織論には入りきれない扱いになっている。

これに対して③と④は，もともとは官僚制組織の研究から始まり，組織構造，コンフリクト，パワー，組織変革，企業間関係などを扱う。環境・技術との適合関係を扱うコンティンジェンシー理論の登場以降，組織間関係論や組織のネットワーク理論へとよりマクロ・レベルに展開していった。組織は閉じたクローズド・システム（closed system）ではなく，メンバーの新陳代謝もあるし，成長もする。つまり，多くの組織に共通する一般環境やその組織に特殊的なタスク環境のような環境との間でやりとりしながら存続，成長していくオープン・システム（open system）なのである。ロジックの存在を仮定し，環境に押し付けることで秩序正しさを発見することをワイク（K. E. Weick）はイナクトメント（enactment；環境有意味化）と呼んだ。

【参考文献】　藤田（2009）『ミクロ組織論』序章。山田・佐藤（2014）『マクロ組織論』序章。高橋（2020）『経営学入門 第2版』第5章・第6章・第9章。

● I-4　意思決定

　近代組織論では，組織の意思決定過程を意思決定の連鎖としてとらえる。人間の意思決定の認知的処理過程（cognitive processing）を，意思決定前提（decision premises）から決定を導き出す過程だと考える。その際，合理的な意思決定とは，目の前に選択肢として複数の代替案があったときに，その中から一つの代替案に決めることを意味している。**サイモン**（H. A. Simon）の合理的選択の理論によれば，

A）人間は，複雑な現実の世界をそのまま扱い，いつも合理的に最適基準（optimal standard）で，すべての利用可能な代替案の中から，最適なものを選択する最適化意思決定（optimal decision）ができるような全知全能の経済人（economic man）ではない。

B）合理性の限界がある人間は，その限定された合理性（bounded rationality）でも処理できるくらいに単純化したモデル状況定義（definition of the situation）で，満足基準（satisfactory standard）により，満足できるぎりぎりの代替案を選択する満足化意思決定（satisfactory decision）を行う経営人（administrative man）である。それを可能にするのが組織という装置であり，状況定義は組織の中で心理学的・社会学的過程の結果として形成される。

　意思決定は刺激に対する反応と考えられるが，まれにしか起きない例外的なことには，プログラム化されない意思決定となり，探索を含んだ問題解決過程に頼らざるをえない。しかし繰り返し起こる問題に対しては，ある反応の集合がルーチン化，常軌化され，ルーチン（routine），プログラム（program）が作り出されることで，プログラム化された意思決定となる。

　意思決定論的には，人間が直面している不確実性には次の3つのレベルがあると考えられている。

（1）各代替案に続いて起こるであろう結果について，意思決定者が完全で正

確な知識を持っている確実性

(2) 諸結果が生起する確率分布について正確な知識があるリスク

(3) 諸結果が生起する確率を知らない不確実性

　もし (1) の場合だったなら，意思決定者は，一番望ましい，つまり一番効用が大きい結果をもたらす代替案を選べばいい。(2) の場合ならば，分かっている確率分布を使って期待効用を計算し，その期待効用が最大となる代替案を選べばいい。しかし (3) の場合になると，どの意思決定原理を用いるのかで，決定が変わってくる。実際，(3) の場合については，次のような意思決定原理がいくつか提案されていて，どの意思決定原理を採用するのかで，選択すべき代替案が変わってくるのである。

(a) マクシミン原理（maximin principle）……各代替案をとったときに生じる最悪の結果である保証水準（security level）を比較して，よりましな代替案を選択するという原理。

(b) マクシマクス原理（maximax principle）……最良の結果である楽観水準（optimism level）を比較して，その中から，最も良い結果をもたらす代替案を選択するという原理。

(c) ミニマックス・リグレット原理（minimax regret principle）……「逃した魚は大きい」とよくいうが，もしうまくやっていたら，あとこれだけ得られたのにという差（機会損失）で後悔（regret）を表し，最悪の後悔が一番少ない代替案を選択するという原理。

　ただし，実際の組織の中で，このように合理的な意思決定が常に行われているわけではない。**ワイク（K. E. Weick）**によれば，合理性とは，そもそも事後的で回顧的なものであるし，組織化も，知覚できる相互連結行動を使って多義性を削減する際に用いられる総意として妥当性を確認した文法ということになる。

【参考文献】　藤田（2009）『ミクロ組織論』第1章。高松・具（2019）『経営管理　第2版』第7章。高橋（2020）『経営学入門　第2版』第2章・第4章・第13章。

　サイモン（H. A. Simon）によれば，限定された合理性（bounded rationality）しかない人間が，現実の世界を単純化したモデル状況定義に基づいて意思決定することを可能にする装置，それが組織である。これには，組織のメンバーが他のメンバーの意思決定の結果を自分の意思決定前提として受容する権威の現象と，組織のメンバーが組織の目的の観点から意思決定を行う一体化の現象が重要な役割を果たしている。

　英語の authority は権威とも権限とも訳される。権限委譲説によれば，権限とは上司から権限委譲（delegation）された権利の範囲である。それに対し近代組織論では，心理的な誘因貢献の契約により，各組織メンバーには無差別圏（zone of indifference）あるいは受諾圏（zone of acceptance）が存在し，その圏内の命令であれば無差別に，意識的に反問することなく権威あるものとして受諾されるのだと考えた。これが権限受容説である。

　また組織は，メンバーを新規に採用する手続きや組織内の実践を通じて，メンバーを組織に一体化（identification）させることで，その目的を操作できる。さらに組織の中の下位集団に一体化すれば，メンバーには注意の焦点（focus of attention）が生まれ，選択的注意（selective attention）と選択的不注意（selective inattention）が生まれる。

　その結果，様々なパーソナリティをもった人が，様々な組織の中で，たとえば販売部長のポストに就くにもかかわらず，どこの会社でも，販売部長は，顧客が低価格，短納期，製品の品質を希望していることを代弁するようになる。これは，販売部長が直面している状況定義がどの会社でも似ているからで，言い換えれば，解くべき問題が似ているから，正解もまた似てくるのである。実際，サイモンは意思決定＝問題解決だと考えていた。

　しかし，問題解決だけが意思決定ではない。それを明確にしたのが，マーチ（J. G. March）らのゴミ箱モデル（garbage can model）である。ここでゴミ

箱にたとえられているのは選択機会（choice opportunity）である。実際の組織は組織化された無政府状態（organized anarchy）と呼ばれるほどに，流動的な参加者（participant）によって，さまざまな問題（problem）と解（solution）が勝手に作り出されては，まるでゴミ箱にゴミを投げ入れるように選択機会に投げ込まれている。そして，参加者によって投げ込まれたエネルギー総量が，投げ込まれた問題の解決に必要なエネルギー総量以上になったとき，あたかも満杯になったゴミ箱が片付けられるように，当該選択機会も完結し，片付けられる。このとき「決定」が行われたものとして考えようというのである。ただし，こうなると「意思決定＝問題解決」とは限らなくなり，次の3タイプの決定が起こりうる。

A）問題解決による決定（decision making by resolution）……問題解決に必要なエネルギー量が投入されたところで，問題は解決され，決定が行われる。従来のお馴染みの決定。

B）やり過ごしによる決定（decision making by flight）……問題解決に必要なエネルギー量が大きすぎて，問題を解決できずに，やり過ごしていると，そのうち問題の方が選択機会から飛び出していってしまい，残った問題だけならエネルギー量が足りるので，決定に至る。

C）見過ごしによる決定（decision making by oversight）……新しく選択機会が出現したとき，そこに問題が投入される前に参加者がエネルギーを投入すると，決定が行われる。

このうちAでは問題解決が行われているが，Bでは飛び出していった大きい問題は解決されていないし，Cでは，組織内のどこかにあるはずの解決すべき問題を見過ごして決定している。実際，**高橋伸夫**によれば，日本企業では，指示が出されても，やり過ごしているうちに，立ち消えになることがあるという「やり過ごし」現象を過半数の人が経験している。

【**参考文献**】　藤田（2009）『ミクロ組織論』第2章。高橋（2020）『経営学入門 第2版』第12章。

　19 世紀末から 20 世紀初頭の英国・米国の工場では，工員が故意にゆっくり仕事を行う怠業（soldiering）が問題になっていた。**テイラー**（F. W. Taylor）は怠業が次の 2 つの原因から起きていると主張した。

① 　人間の本能からくる自然的怠業（natural soldiering）

② 　出来高給制度（piece rate system）の下での工賃単価の切り下げを回避するための組織的怠業（systematic soldiering）

　このうち②組織的怠業の対処策としてテイラーが提唱したのが科学的管理法（scientific management）だった。テイラーの科学的管理法は，次の 3 つの柱からなっていた。

A）科学的に目標となる課業を設定する。その際，職長や経験工任せの成行き管理による目分量式の非効率的な動作を，最善の動作つまり作業動作に要する最短時間の動作へと科学的に置き換えていく。

B）この科学的に設定された課業を指図通りの時間内に正しくなし終えたときには普通の賃金よりも 30〜100％の割増賃金を支払う差別的出来高給制度（differential rate piece work）にする。

C）機能別職長制度（functional foremanship）。

　このうち A では，テイラーの時間研究（time study），**ギルブレス夫妻**（F. B. Gilbreth & L. M. Gilbreth）の動作研究（motion study）の手法が有名で，現代でもインダストリアル・エンジニアリング（industrial engineering；IE）に継承されている。たとえば 18 の基本動作に要素化した記号サーブリッグ（therblig；ギルブレスの綴りを逆から読んだもの）も健在である。しかし，金銭的報酬のような外的報酬による外発的動機づけ理論の典型例ともいえる B の方はうまくいかなかった。（実は C もうまくいかなかったが，これについては後述。）

　そのころ，同時期にフランスで専門経営者として活躍した経営管理論の始

祖ファヨール（H. Fayol）は，管理原則の一つとしてイニシアチブを挙げていた。実際，テイラーによれば，当時の管理法で最良のものは自発性（イニシアチブ）と誘因（initiative and incentive）の管理だったというが，テイラーは工具のイニシアチブを信じることができなかった。そのため工具を受動的な機械のように扱ったわけだが，この人間観は後になって諸理論の論者から批判されることになる。

当時，科学的管理法が産業界に与えた影響は大きかった。そして，科学的管理法の強い影響を受けて，職場の物理的環境が従業員の作業能率に与える影響を調べるために，**ウエスタン・エレクトリック**の米国シカゴ市のホーソン工場で，1924〜32 年に一連のホーソン実験が行われた。

しかし，最初の照明実験では，照明度と作業能率との間に何の関係性も見いだせなかった。さらに，その後 5 年以上行われた継電器組立作業実験でも，5 人の女子作業者を作業室に移し，作業条件に様々な変化を導入したが，そうした変化を生産高と関係づけようとする試みも失敗してしまった。同じ労働時間，同じ条件だった期を比較してみると，生産高は上昇を続け，彼女たちの満足感は高まり，欠勤率は大幅に減少したのだった。

それを**レスリスバーガー**（F. J. Roethlisberger）は，実験のために監督方法を根本的に変えたことで，女子作業者の協力的態度や生産性向上につながったと説明した。そして，他の実験結果とも総合して，要するに，職場の非公式組織における仲間意識や規範が生産性に影響していたと考えたのである。こうして人間関係論（human relations）が生まれた。人間関係論の影響は絶大で，従業員の欲求の満足化によるモラール（morale；勤労意欲）向上は，生産性増大運動の様相を呈していく。その影響は日本にも波及し，戦後，カウンセリングや人間関係訓練，レクリエーション活動の導入・充実が人間関係論の影響下で行われた。

【参考文献】　藤田（2009）『ミクロ組織論』第 3 章。高橋（2020）『経営学入門 第 2 版』第 9 章・第 11 章。

　組織行動論を意味する organizational behavior とは,「組織の中の人間行動」のことであって,「組織の行動」の意味ではない。「組織の中の人間行動」を扱うわけだから,組織行動論はミクロ組織論の一部だと日本では割り切って整理されることが多い。しかし,もともと組織行動論は,行動科学全盛期の米国で成立し,心理学者を主な担い手としていた。そのため,米国においては,組織行動論は,組織論はおろか,経営学からも,はみ出した学問分野であった。

　たとえば,動機づけ理論は,経営学的には,20世紀初頭の**テイラー**（F. W. Taylor）の科学的管理法（scientific management）を源流としており,モチベーション管理の理論とも呼ばれる。しかし,動機づけ（motivation）自体は,従業員の仕事に対する動機づけであるワーク・モチベーションの場面に限ったものではなく,心理学,教育学,社会学でも研究されている。つまり,経営学や組織論以外の分野でも研究されているのである。

　そして,経営学分野でも,科学的管理法を源流としてはいるものの,その発展過程はそう単純ではなかった。実は,科学的管理法に触発されて,1924〜32年にホーソン実験が行われたが,テイラー的な仮説は次々と否定されてしまった。その結果,ホーソン実験からは,職務満足が職務遂行を導くとする人間関係論的な仮説が提唱された。

　しかし,人間関係論的な仮説もまた1960年代には否定されてしまう。こうして,人間関係論を批判,継承するものとして,行動科学運動の影響を受けて,人間資源アプローチが登場することになる。これが組織行動論成立の原動力となった。

　ここでカギを握るのが行動科学（behavioral science）である。米国では第一次世界大戦の頃から,自然科学,特に物理学を学問のモデルとして,それ以外の分野にも数量化・記号化といった方法を導入しようという動きがあっ

た。そこで生まれたのが行動科学で，心理学，社会学，人類学から生物科学にまでまたがって，客観的に観察，測定，分析することができる行動のレベルで人間を自然科学的に数量化・記号化といった方法で研究する学問として登場したのであった。

　そんな時代の雰囲気の中で，1951〜57年にフォード財団が行動科学研究に大規模な助成を行い，さらに1959年の「ゴードン=ハウエル報告」が，当時の米国の経営大学院教育に行動科学の重要性を強く主張したことで，米国の経営大学院に心理学者が大量に採用されるようになった。こうして，経営学と密接に関連しながら，組織行動論という新しい研究領域が確立されていったのである。

　そして，1960年代以降は，次の3つの方向に分化して理論展開していく。

A）モチベーションの内容論（content theory）あるいは欲求説（need theory）……動機づけを引き起こす欲求を特定しようとする研究。マズロー（A. H. Maslow）の欲求段階説，マグレガー（D. M. McGregor）のX理論・Y理論，マクレランド（D. C. McClelland）の達成動機研究，ハーズバーグ（F. Herzberg）の動機づけ衛生理論などが有名である。

B）モチベーションの過程論（process theory）あるいは過程説……どのように動機づけされるのかという過程を明らかにしようとする研究。ブルーム（V. H. Vroom）の期待理論（expectancy theory）がその代表である。他にも，公平理論（equity theory），目標設定理論（goal setting theory），自己効力感（self-efficacy）などが有名である。

C）内発的動機づけの理論……Aの内容論における有能さや自己決定への欲求や達成欲求と，Bの過程論における認知要素を重視する視点とを結びつけたもの。内発的動機づけといえばデシ（E. L. Deci）が有名だが，アトキンソン（J. W. Atkinson）の達成動機づけモデルも内発的動機づけ理論の一種として知られている。

【参考文献】　藤田（2009）『ミクロ組織論』序章。

● I-8　人間資源アプローチ　　■ ■ ■

　モチベーションに関する人間関係論的仮説は，単純化すれば「高い職務満足（job satisfaction）が高い職務遂行（job performance）を導く」というものだった。しかし，多くの研究が行われた結果，1950 年代には，

(1)　職務満足が高ければ離職（turnover）や欠勤（absence）は減るが，

(2)　職務満足と職務遂行（生産性）との間には単純な関係は存在しない。

ということがわかってきて定説となった。

　こうした研究結果は，職務遂行を漠然と一括りにして捉えずに，(1) の離職や欠勤は参加（退出）の決定，(2) の生産性は生産の決定として区別するとよりわかりやすい。ただし，(1) についてもそう単純ではない。仮に個人の満足を満足スケールで測ることができたとしても，一般に，満足している参加者が組織を去ることはほとんどないものの，不満足な参加者で組織を去るのは一部の者だけだからである。

　ではなぜホーソン実験では人間関係論的仮説が生まれたのか。実は，満足感と生産性がともに向上していった継電器組立作業実験では，被験者5人のうち反抗的な2人が解雇され，代わりに経済的な問題で仕事を必要としていた生産的で経験のある2人が入ってきて，この2人の努力と刺激が生産性向上をもたらしたのだった。

　人間を受動的機械とみなしていた科学的管理法に対して，人間関係論は社会的欲求（social needs）の満足化が高い生産性を導くと考えたわけだが，この人間関係論を批判・継承するモチベーション管理の人間資源アプローチでは，より高次の欲求である尊敬欲求（esteem needs）や自己実現欲求（self-actualization needs）が人間に備わっていることを認めるようになった。言い換えれば，米国では，1950 年代から人間資源アプローチを中核として動機づけ理論が発展していく中で，人間観・人間モデルが変わったのである。

　こうしたことを整理して，マグレガー（D. M. McGregor）は，『企業の人間

的側面』（1960 年）で，組織に関する文献や経営施策の背後には，人間の性質や行動に対する考え方・理論があるとし，それを X 理論・Y 理論の 2 つに類型化してみせた。

X）X 理論（Theory X）……人間は生来仕事が嫌いで，責任回避を望み，強制されたり，命令されたりしないと十分な努力はしないものだと考える。自然的怠業を主張するテイラー的な人間観だといえる。この X 理論に基づけば，権限の行使による命令・統制が基本で，階層原則（scalar principle）が組織原則になる。

Y）Y 理論（Theory Y）……人間は生来仕事が嫌いということはなく，自ら身を委ねた目的のためには，自ら命令・統制し，適切な条件下では自ら進んで責任を引き受けるものだと考える。これは当時，人間行動に関して蓄積されてきた研究成果を基にした人間観であった。この Y 理論に基づけば，統合の原則（principle of integration）が組織原則になる。

　この時期以降の動機づけ理論は，行動科学の強い影響を受けて，ほとんどが認知論としての体裁を整えていくことになる。そして，次の 2 つに大きく分かれていく。

A）内容論・欲求説……認知過程の前半部分の動機の形成過程に焦点を当て，動機づけ要因を問題とする。

B）過程論・過程説……動機は所与として，認知過程の後半部分の動機づけの方向性，強度，持続性などの決定過程に焦点を当て，認知的選択過程を期待や誘意性といった変数で記述する。

　行動を予測できるのかという観点からすれば，内容論的な志向が強い理論は行動の予測から遠く（distal to action），過程論的な志向が強い理論，特に目標設定理論や自己効力感モデルは行動の予測に近い（proximal to action）とされる。

【参考文献】　藤田（2009）『ミクロ組織論』第 4 章。高橋（2020）『経営学入門 第 2 版』第 5 章・第 11 章・第 13 章。

I

経営管理・組織

マレー（H. A. Murray）は 1930 年代に欲求（needs）を列挙した。マレーが列挙した欲求は，肉体に由来する生理的欲求と心に由来する心理的欲求に分かれてはいたが，それに対し，ただ列挙するのではなく，基本的な欲求に集約し，順序づけたのが，1940 年代に登場し，欲求説の中でも最も有名になるマズロー（A. H. Maslow）の欲求段階（hierarchy of needs）説である。

マズローの欲求段階説は，次の 2 つの主張からなっている。

A) 人間の欲求は次の 5 つのカテゴリーに分類される。

① 生理的欲求（physiological needs）……食事や睡眠など，生物として恒常性（homeostasis）を維持するために必要なものを求める欲求。

② 安全欲求（safety needs）……安全・安定・保護を求め，恐怖・不安・混乱から自由になり，自分の安全を確保したいという欲求。

③ 愛情欲求（love needs）……家族や友人といった周囲の人々との愛情に満ちた関係や，特定の社会的集団への所属を求める欲求。

④ 尊敬欲求（esteem needs）……自己に対する高い評価，自尊心（self-esteem），他人から受ける尊敬や承認を求める欲求。

⑤ 自己実現欲求（self-actualization needs）……自分が潜在的に持っているものを実現し，自分がなりうるものになりたいと望む欲求。

B) ①～⑤の順で低次の欲求から高次の欲求へと積み重なり，階層構造（hierarchy）をなしていて，一つの欲求がある程度満たされると次のより高次の欲求が現れるというように，優先度（prepotency）の高い欲求が低次から高次へと逐次的・段階的に出現する。

このうち⑤の自己実現欲求は，その人が潜在的にもっているものを実現しようとする傾向をさしている。①～④が欠乏欲求で充足されるべきものであるのに対して，⑤は成長欲求で果てしがないとされる。

1960 年代に入り，マクレランド（D. C. McClelland）の達成動機理論では，

（1）　何かを達成したい達成欲求

（2）　他者をコントロールしたい権力欲求

（3）　他者との関係をもちたい親和欲求

といった特殊動機が重要とされた。そして，達成欲求が強すぎる管理者はなんでも自分でやろうとするので管理に支障が出て，親和欲求の強い人は管理者に向かず，管理者には権力欲求が必要であると説いた。

　1960 年代末には，**アルダーファー**（C. P. Alderfer）が，マズローの欲求カテゴリーの修正案として，

（a）　生存欲求（existence needs）

（b）　関係欲求（relatedness needs）

（c）　成長欲求（growth needs）

の3つに集約した。これは，それぞれの欲求の頭文字をとって ERG 理論（ERG theory）と呼ばれる。（a）（b）（c）の順に高次になっていくが，欲求段階説とは異なり，ERG 理論では，いくつかのカテゴリーにまたがって現れる合成欲求（compound needs）を考えていて，欲求は同時並行的・可逆的に出現するとした。

　こうした中でも，やはりマズローの欲求段階説が，「衣食足りて礼節を知る」的な主張と「なりたい自分になる」的な自己実現欲求を強調したことで，日本でも人気がある。マズローの欲求段階説のおかげで，人間観が，それまでの人間関係論的な社会人から自己実現人に変わったともいわれるほど影響力があった。ただし，マズローの主張はもともと経験的証拠に乏しく，A についても，B についても，その後，多くの検証が行われたものの，ことごとく失敗してしまった（だから後続の修正案がどんどん出てきたわけである）。1970年代には科学的根拠はないとの結論が出され，否定されているので注意がいる。

【参考文献】　藤田（2009）『ミクロ組織論』第 7 章。高松・具（2019）『経営管理 第 2 版』第 3 章。高橋（2020）『経営学入門 第 2 版』第 11 章。

　ハーズバーグ（F. Herzberg）は，同僚とともに，米国ピッツバーグ市にある企業9社の技術者と会計担当者約200人を対象としたインタビュー調査を行った。深層面接（depth interview）により，短期的状況でも長期的状況でもかまわないので，仕事について例外的に良い感じをもったとき，例外的に悪い感じをもったときを思い出してください。そのときに何が起きましたか？　と例外的な感情の原因となった事象系列（sequence of events）を聞いたのである。こうして集めた系列群について内容分析（content analysis）を行い，14個のカテゴリーに分類した。その上で，良い感情（満足）の原因，悪い感情（不満足）の原因として現れた回数を各カテゴリーで集計すると，次のような事実発見があったという。

A）満足要因（satisfier）は，達成，承認，仕事そのもの，責任，昇進であり，特に後の3つは，態度変化の持続性の点で大きかった。しかし，これらの要因が，職務不満足を述べるときに現れたことは，きわめてまれであった。

B）不満足要因（dissatisfiers）は，会社の方針と管理，監督，給与，対人関係，作業条件である。これらは，一貫して短期的な職務態度の変化しかもたらさなかった。しかも，これらが職務満足を述べるときに現れたことは，めったになかった。

　Aの満足要因は動機づけ要因（motivators）と名付けられた。Bの不満足要因は，もっぱら職務不満足を予防する際の環境的要因であることから，衛生要因（hygiene factors）あるいは保全要因（maintenance factors）と名付けられた。そして，衛生要因は，個人の成長の感覚を与えるのに必要な特徴をもっていないので，満足をもたらさないと考えた。それに対し，動機づけ要因は，創造的でユニークな個人としての自分の資質を十分に発揮したいという自己実現の個人的欲求を満たすからこそ，満足要因になるのだとハーズバーグは解

釈した。

　この動機づけ衛生理論（motivation-hygiene theory）に対しては，研究方法に関する批判もあったが，ハーズバーグ自身のものも含め，多くの追試が行われ，復元調査だけでも9研究，もともとの調査も入れて，17母集団に対する10研究で，のべ52個の動機づけ要因とのべ55個の衛生要因について調べられている。そのうち，動機づけ衛生理論にもとづく予想と違う結果になったものは，実は3％にも満たないたった3個の衛生要因だけだったのである。つまり，満足と不満足は単一の満足スケールの両極ではなく，それぞれが単極で2次元的な存在だったということになる。

　ところで，ハーズバーグによれば，誰かに何かをさせる最も確実で最も回りくどくない方法はKITAすなわち「尻を蹴飛ばす」ことである。これにはアメとムチがある。まず，KITAを文字通り実行したら，身体的であれ，心理的であれ，「暴力」になってしまう。これを消極的KITA（negative KITA）と呼ぶが，こうしてムチで働かせても，モチベーションにはならないので，結局，消極的KITAは廃れてしまった。それに対して積極的KITA（positive KITA）の方は，報酬，報奨金，地位，昇進等のアメをちらつかせ「誘惑」する方法で，1960年代の管理者たちは，これこそがモチベーションだと考えていた。

　しかし，積極的KITAのための多様な人事慣行，例えば，労働時間の短縮，賃上げ，フリンジ・ベネフィット，人間関係トレーニング，感受性トレーニングなどが開発されたにもかかわらず，その効果は短期的だった。ハーズバーグはこれをバッテリーにたとえて説明している。すなわち，人間のバッテリーを外部から何度も充電して人間を働かせることはできる。しかしこれでは，バッテリーが切れれば働かなくなってしまう。人間が自身の発電機を持たない限り，モチベーションとはいえないのだと。

【参考文献】　藤田（2009）『ミクロ組織論』第8章。高橋（2020）『経営学入門　第2版』第11章。

　こうして 1960 年代は，内容論・欲求説が盛んになっていったわけだが，過程論・過程説の方でも，その中核となる理論が登場する。ブルーム（V. H. Vroom）に代表される期待理論（expectancy theory）である。人は働いて金銭を得なければ生活していけない。期待理論は，そうした金銭に代表される外的報酬が，どのようにして動機づけになるのかを扱った理論であった。ブルームは，

(1)　職務遂行から得られる報酬の効用である誘意性（valence）と

(2)　その報酬を獲得できるとの主観確率である期待（expectancy）

との掛け算の合計値（ミクロ経済学でいう期待効用に相当する）が大きいほど，その職務に対する動機づけの強さも大きくなると考えた。このことから期待理論は「期待×誘意性」理論ともいわれる。

　このうち (1) については，もう少し複雑な定式化が行われていて，(a) 行為（仕事）の成果と，(b) 報酬を分けて考え，(a) を 1 次の結果，(b) を 2 次の結果として，両者を−1 以上 1 以下の手段性（instrumentality）で結びつけ，職務遂行の誘意性は，報酬の誘意性と手段性との掛け算の合計値と考えている。

　ブルームの期待理論では，仕事のやりがいや面白さといった内的報酬は考慮されないので，仕事は報酬獲得の手段にすぎなくなる。期待理論通りなら，もし仮に，同じ報酬を得るのに 2 つの方法（仕事）があったとき，チャレンジを避けて，より成功しやすい（報酬を得やすい）楽な仕事に流れていくことになる。そのため，期待理論では，退出の決定（欠勤，離職）は説明できても，生産の決定（生産性）は説明できない。なぜなら，ブルーム自身が説くように，期待理論は，作業者がクビにならない程度に仕事をすることは説明できるかもしれないが，多くの場合，作業者の潜在的可能性をはるかに下回る遂行レベルで十分に職務を維持できるし，事実，そうだったからである。

ブルーム以降，期待理論には数多くのバリエーションが登場した。その代表格は，ブルームのシンプルなモデルに要因を色々と付加した**ローラー**（E. E. Lawler, Ⅲ）の統合的なモデルだろう。基本的に，ブルームのモデルと同様な過程で努力を動機づけると，この努力からさらに，努力→業績→報酬→満足　と次々と要因につながっていき，それらの要因から今度は元の努力の動機づけの過程を構成する各要因へのフィードバックもあるといった具合のモデルである。各要因は他の要因に対して，原因でもあり結果でもあるというような動機づけサイクルになっていて，複雑である。実は，ローラーは動機づけにおける給与の役割を特に重視していたはずだったが，その割には，外的報酬では，業績，報酬，満足の関係が不安定だとしており，それに比べて，内的報酬の方は業績や満足と密接に結びついていると認めてしまっていた。つまり，結局のところ，動機づけレベルを上手く説明するには，内的報酬を持ち出さざるを得なかったことになる。

　もし期待理論を横断的調査で検証しようとするならば，調査対象となった個々人について，

① 　報酬の誘意性，手段性，期待を何らかの方法で測定し，それをもとに行為の誘意性に対応すると思われるモチベーション・スコアを計算し，

② 　モチベーションの強さと密接に関係していると思われる活動レベルや成績のような観察可能な指標を調べ，モチベーション・スコアの高い人ほど，活動レベルが高いまたは好成績を上げていれば，

期待理論は実証されたことになる。しかし，個人間で期待効用を比較することはできないので，実質的には期待理論は検証不可能である。事実，期待理論は，ブルームの後，多くの研究者によって実証研究が行われたが，モチベーション・スコアと実際の行為との関係は，一般的に非常に弱いことがわかっている。

【参考文献】　藤田（2009）『ミクロ組織論』第5章・第6章。高橋（2020）『経営学入門第2版』第13章。高橋（2015）『経営統計学』第1章。

　期待理論以外にも，過程説には様々な理論がある。古くは，1930年代の
スキナー（B. F. Skinner）の強化理論（reinforcement theory）にまで遡る。ス
キナーは動物実験の結果を人間に応用し，悪い結果だと同じ行動はしなくな
り，良い結果だと同じ行動が繰り返されるようになると考えた。

　20世紀後半になると，様々な理論が登場する。**アダムス**（J. S. Adams）の
公平理論（equity theory）では，人は他人と自分とを相対化して，公平と感
じるかどうかでやる気が変化すると唱えた。**フェスティンガー**（L. Festinger）
の認知的不協和理論（cognitive dissonance theory）では，人間は，自分の態度
や行動で矛盾（不協和）を認知すると不快感を覚え，これを解消する心理的
圧力が生じて，自身の態度や行動を変更すると唱えた。

　ハックマン（J. R. Hackman）と**オルダム**（G. R. Oldham）は職務充実理論（job
enrichment theory）で，（a）意義充実，（b）責任充実，（c）成果充実の実感を
持たせることができれば，モチベーションは高まると唱えた。**ロック**（E. A.
Locke）の目標設定理論（goal setting theory）では，具体的な手順や行動が明
瞭で，本人が合意する範囲でより高い目標がモチベーションを高めると主張
した。

　高橋伸夫は，過去の実績や現在の損得勘定よりも，未来を残すことを選択
し，その実現への期待に寄り掛かり傾斜した格好で現在を凌いで行こうとい
う意思決定を行う原理を未来傾斜原理（leaning on future principle）と呼んだ。
そして，日本企業では，多くの経営現象をこの未来傾斜原理で説明すること
ができると主張した。

　マクレランドと並んで達成動機（achievement motive）の著名な研究者であ
る**アトキンソン**（J. W. Atkinson）は達成動機づけのモデルを提示した。期待
理論のように外的報酬を想定せず，その代わりに目標 i の成功の主観確率 p_i
は目標 i の達成成功の容易性を表していると考え，

A）成功の誘因価（incentives）は「成功したときに感じる誇り（pride）」の感情だとして，その目標が達成困難なほど高くなり，ゆえに成功の困難性 $1-p_i$ に比例すると考えた。

B）失敗の誘因価は「失敗したときに感じる恥（shame）」の感情だとして，その目標の達成が容易なものであったほど失敗したときのダメージはひどくなるので，その絶対値は，成功の容易性 p_i に比例すると考えた。

　つまり，個人ごとに定まる定数 S，F を使えば，（a）目標達成に成功した場合の効用は，$S(1-p_i)$，（b）失敗した場合の効用は $-Fp_i$ と表せると考えたのである。ここで定数 S，F は，各個人について，状況にかかわらず比較的安定したパーソナリティ的特性で，それぞれ「成功接近動機」（motive to approach success），「失敗回避動機」（motive to avoid failure）と呼んだ。

　こう設定すると，目標 i の達成状況に接近したり回避したりする合成的モチベーション（resultant motivation）R_i は

$$R_i = p_i S(1-p_i) + (1-p_i) F(-p_i) = (S-F) p_i (1-p_i)$$

となり，この式からも明らかなように，$S-F>0$ ならば，$p_i=0.5$ のときにモチベーションは最大になる。つまり，目標の困難性が一定の最適水準に高まるまで増大するので，ある程度困難な目標にチャレンジすることになる。このことは，期待理論の結論とはまったく異なる。期待理論では，チャレンジを避けて，より成功しやすい楽な仕事に流れていってしまう。

　ただし，定数 S，F は主題統覚検査（Thematic Apperception Test；TAT）のような心理テストで測定されるとされているが，定数 S，F の大小を比較すること（つまり，$S-F>0$ かどうかを測定すること）は常識的に考えて困難である。

　ここで注意がいるのは，このアトキンソンのモデルでは，目標達成以外には明白な報酬がまったくないことである。つまり，次に述べる内発的動機づけだけが問題になっていることになる。

【参考文献】　高松・具（2019）『経営管理　第2版』第3章。藤田（2009）『ミクロ組織論』第10章。

　デシ（E. L. Deci）の内発的動機づけ理論（intrinsic motivation theory）によれば，見た目には（外的には）何も報酬がないのに，せっせと取り組んでいる活動は内発的に動機づけられた活動という。報酬に浴している（rewarding）と感じるような内的状態が内的報酬となって動機づけられている。そうした満足感を与えてくれるのが，コンピテンスあるいは有能さ（competence），自己決定（self-determination）の感覚である。こうした感覚に対する欲求は，生まれながらにしてもっている根源的で未分化な欲求で，これが成長に伴っていくつかの欲求へと分化していく。これを分化仮説（differentiation hypothesis）と呼ぶ。

　コンピテンスへの欲求から生じる動機づけは，イフェクタンス動機づけ（effectance motivation）と呼ばれるが，コンピテンスを発揮するとき，自分は環境に対して有効性をもっているという効力感（feeling of efficacy）を感じる。つまりイフェクタンス動機づけは，効力感の充足を求める内発的動機づけであり，環境との相互作用を学習するプロセスを構成する。人間は環境を処理する能力を習得することによって自律性（autonomy）を増していく。これとよく似た考え方にド・シャーム（R. de Charms）の自己原因性（personal causation）がある。自らの行動の原因が自分である，つまり自分が因果律の源泉であると認知すれば，効力感を感じる。

　こうして人は，

① 　自分が有能で自己決定的であることを感じさせてくれるような適度にチャレンジングな状況を求め，

② 　自分が出会ったり，創り出したりしているチャレンジを征服しようとする。

つまり内発的に動機づけられた人は，自分にとって最適なチャレンジを追求しようとする。これは，期待理論が人は楽な方に流れるとするのとは対照的

である。

　デシは，外的報酬やフィードバック情報などの外的要因は自己決定と有能さに関する評価であり，それをどのように認知するかで内発的動機づけのレベルが決まってくるという認知的評価理論（cognitive evaluation theory）を唱えた。そして，内発的動機づけに対する外的報酬の影響力を実験室実験で検証している。

　デシは，被験者の大学生 24 人を一人ずつ実験室に入れて，ソーマキューブというパズルを 1 個 13 分で 4 個解く 1 時間のセッションを 3 回行った。各セッションの真ん中には 8 分間の自由時間を設けてあり，そのときの被験者の行動を観察するのである。半分の 12 人には，第 2 セッションの自由時間に，解いたパズル 1 個につき，1 ドルの報酬が支払われた。すると，第 3 セッションの自由時間，お金をもらわなかった 12 人はパズルを解いていたのに対し，お金をもらった 12 人の方は，自由時間を休憩するようになったのである。

　つまり，金銭のような外的報酬のために活動していると認知してしまうと，そのことで，内発的動機づけは低下する。もともとパズルを解くのが楽しいと内発的に動機づけられて活動していた人でも，お金のような外的報酬はインパクトが強いので，活動の目的が外的報酬の獲得にすり替わってしまったのだった。これが，外的報酬の統制的側面（controlling aspect）で，認知された因果律の所在を内部から外部へと移してしまう。

　しかし，同じ外的報酬でも，与え方によっては因果律の所在を変化させず，有能さと自己決定の感覚の認知プロセスに好影響を及ぼすこともある。それが情報的側面（informational aspect）としての効果なのだが，パフォーマンスと外的報酬を連動させると，どうしても受け手は外的報酬のために働いていると思うようになり，統制的側面が顕現的になりやすい。

【参考文献】　藤田（2009）『ミクロ組織論』第 9 章。高橋（2020）『経営学入門　第 2 版』第 4 章。

I

経営管理・組織

● I-14　リーダーシップ ■■■

　仕事の管理だけをしているような管理者は，確かにいる。しかし必要なのは，時代の変化に立ち向かい，人々を率いていくようなリーダー（leader）であり，リーダーが人を動かす力リーダーシップ（leadership）である。ちなみに，リーダーに従う人のことをフォロワー（follower）と呼ぶ。

　リーダーの研究は，資質論（特性論）と行動論に分けられる。資質論には，偉人の伝記等のような研究も含まれるが，資質論の主張は，たとえば1980年代に盛り上がったカリスマ性（charisma）に関する議論のように，結局のところ，リーダーには共通のふさわしい資質があるはずという主張なので，であれば，誰でもリーダーになれるわけではない。

　それに対して行動論であれば，行動は誰でも真似できる。たとえば，**レヴィン**（K. Z. Lewin）に代表されるグループ・ダイナミクス（集団力学）では，リーダーシップのスタイルを専制型，民主型，放任型に分類して，民主型が優れているとしたが，実際，Ｔグループ（Training Group）と呼ばれる訓練方法まで用意していた。

　ミシガン大学の**リッカート**（R. Likert）も，参加的プログラム（participative program）と職階統制的プログラム（hierarchically controlled program）の比較実験を行い，参加的プログラムの優位性を説いた。さらに，システム４と呼ばれる組織評価の質問項目を提唱し，動機づけ，コミュニケーションなどの質問項目に独善的専制型（システム1），温情的専制型（システム2），相談型（システム3），集団参画型（システム4）に対応する4段階尺度で答えてもらうと，やはり民主的なシステム4に近くなるほど生産性が高くなった。リッカートは他にも，ある集団の長（上司）は，さらに上位の集団においては部下となることで両方の集団をつなぐという連結ピン（linking pin）のモデルでも有名である。

　こうした米国ミシガン大学での一連の研究をミシガン研究と呼ぶが，同様

に米国オハイオ州立大学におけるオハイオ研究では，部下の仕事環境を整える構造づくり（initiating structure）と配慮（consideration）の2次元でリーダーシップをとらえ，両方とも高いリーダーシップ行動が良い結果につながるとした。これを拡張した研究としては，ブレーク（R. R. Blake）とムートン（J. S. Mouton）が2次元の両軸を9等分した9×9のグリッド（格子）で分析するマネジリアル・グリッド（managerial grid）を提唱し，三隅二不二は集団における目標達成や課題解決に関するP行動（performance），集団の維持に関するM行動（maintenance）の両方を兼ね備えたリーダーが望ましいとするPM理論を提唱した。しかし結局のところ，文脈に関係なく2次元で両方高いのが望ましい（hi-hi パラダイム）というのでは，普遍的なリーダー像を求める資質論と大差ない。

それが，フィードラー（F. E. Fiedler）のコンティンジェンシー理論（条件適合理論または条件即応理論）の登場で一変する。フィードラーが『新しい管理者像の探究』（1967年）に到達するまでには，紆余曲折があった。「最も苦手とする仕事仲間」（least preferred coworker；LPC）についてのLPC尺度を使って，LPC得点と集団業績との関係を探ったが，結果が安定しなかった。しかしついに，LPC得点と集団業績の関係が，リーダーシップ状況に依存していたことに気付くのである。つまり，普遍的に優れているリーダーシップ・スタイルなどは存在せず，あるリーダーはある状況では優れたリーダーでも，別の状況ではそうではなかった。微妙な対人関係の文脈に依存していたのである。

これ以降，ハーシー（P. Hersey）とブランチャード（K. H. Blanchard）のSL理論（situational leadership model）やハウス（R. House）の経路・目標理論（path-goal theory；パス・ゴール理論）といったリーダーシップの条件適合理論が登場する。

【参考文献】　高松・具（2019）『経営管理 第2版』第4章。高橋（2020）『経営学入門 第2版』第1章。

● I-15　リーダー像の変遷　　■ ■ ■

　1970年代からは，フォロワーとの関係を考慮する交流型のリーダーシップが論じられるようになった。リーダーシップの帰属理論では，フォロワーは集団の高業績・低業績の原因をリーダーのおかげ・リーダーのせいだとリーダーの（行動ではなく）個人属性に帰属させると考える。信頼蓄積理論では，リーダーとなる人の実績積み上げなどに対して，周りの人が信頼を蓄積していくにしたがい，リーダーとして認めるようになるとした。サーバント・リーダーシップ論では，リーダーたるもの，まずはフォロワーに奉仕し，その後導くものであるとする。召使（servant）とはまた強烈な表現だが，フォロワーに対して，よく聞き，共感し，癒し，説得し，成長を促すというように，奉仕の気持ちをもって接するリーダーにフォロワーは従うとの主張である。EQリーダーシップ論では，リーダーが自分の感情をコントロールし，他人の感情を読み取る情動の知能指数（emotional intelligence quotient；EQ）を高めることが重要だと説く。

　また，経営者（トップ）と中間管理職（ミドル）では，求められるリーダーシップが異なる。たとえば**セルズニック**（P. Selznick）の制度的リーダーシップ論（institutional leadership theory）では，ミドルは対人的（interpersonal）リーダーで効率が重視されるが，トップは制度的（institutional）リーダーで価値の振興と保護の専門家だとする。

　1980年代になると，この傾向がさらに進んで，組織文化論でも，**シャイン**（E. H. Schein）は，組織文化はリーダーシップと表裏一体であり，組織文化はリーダーによって創造され，リーダーシップの最も決定的な機能の一つが文化の創造，マネジメント，そして破壊が必要になったときはその破壊であると主張した。ミドルとは違って，トップに必要なのは，組織の方向性や将来像（ビジョン）であり，ビジョン創造のリーダーシップや大規模化・硬直化する企業を変革していく変革型のリーダーシップが求められるというわ

けである。

　ただし，実際の経営者の行動を調査分析する管理者行動論によれば，管理者が自ら記録していくダイアリー・メソッド（diary method）で調査すると，経営者はコミュニケーション，特に部下とのコミュニケーションに多くの時間を使っているが，どれもが受動的なレスポンスで，まるで糸で操られたパペット（人形劇などで使われる操り人形）のようだと比喩される。一つの仕事にかけられている時間も短く断片化されていて，デスクワークでも平均16分で次の仕事に移っていた。

　さらにミドルのリーダーシップについては，ミドルという特性上，上からのトップダウンと下からのボトムアップを調整する存在で，昇進するに従い垂直方向への強いリーダーシップと水平方向への範囲の広いリーダーシップが必要となる。しかし，ミドルに最も求められているのは部下の成長を伴うリーダーシップである。そのため，スポーツにおける選手育成を取り入れたコーチング（coaching）が説かれることもある。

　ただし，実際に企業で実践されている育成方法も泥臭いが効果的である。上司は，ときにはこなしきれないような量の仕事を部下に与え，部下が自分で仕事に優先順位をつけ，優先順位の低い仕事をやり過ごしながら，自分で仕事を管理するように仕向ける。うまくやり過ごしができなければ，良い上司にはなれないからだ。上司は，自分で片付けた方が速くて正確であるような仕事でも，とりあえず部下に任せてやらせてみて仕事を覚えてもらう。それで結果的にうまくいかないった場合には，覚悟を決めて自分が尻ぬぐいに回る。

　この他にも，会議を効果的に行うファシリテーション力やプロジェクトを運営し成果を出すプロデュース力などがリーダーに必要なスキルとして挙げられることもある。

【参考文献】　高松・具（2019）『経営管理　第2版』第4章。高橋（2020）『経営学入門第2版』第7章・第12章・第15章。

　科学的管理法では，成行き管理をやめて時間研究・動作研究や差別的出来高給の賃金刺激策で労働効率や労働生産性を高める労務管理（labor management）をしようとした。しかしホーソン実験や1972年に米国ゼネラル・モーターズ（GM）ローズタウン工場で発生した単調労働に反抗したストライキなどを契機に，労働生活の質（quality of work life；QWL）向上を求める運動が盛んになる。そのための組織開発（organizational development；OD）が行われ，労務管理ではなく人事管理（personnel management）と呼ばれるようになる。そして1980年前後からは，人的資源を経営資源の一つと考え，しかも成長可能な資源であるという発想から人的資源管理（human resource management；HRM）が登場し，さらに戦略的人的資源管理（strategic human resource management；SHRM）が登場する。

　日本企業においても，戦後，労働基準法の制定に代表される従業員の権利保護が進み，長期雇用を前提とした内部育成が一般的になった。1970年代に入ると，日本的経営に対する評価が高まり，『OECD対日労働報告書』（1972年）では，生涯雇用，年功賃金，企業別労働組合を三種の神器と呼んだ。

　人的資源管理は，（A）採用から退職までの人材フロー管理，（B）モチベーション管理（評価・報酬管理，配置転換・昇進管理，人材育成），（C）労働条件管理に大別される。このうちこの項で（A）人材フロー管理の採用管理と退職管理を取り上げると，次のようになる（（B）については，I-17，（C）については I-18 で取り上げる）。

　採用管理（入口管理）では，労働力の変動を考慮した長期計画，欠員を補充する短期計画をもとに，要員計画で採用人数を決め，各部署からの増員要求の調整をする。ただし，公共職業安定所（ハローワーク）の有効求人倍率を見ても分かるように，景気次第で売り手市場，買い手市場が入れ替わる。採用対象者の属性：（a）正規従業員/非正規従業員（雇用形態の違い），（b）

新卒採用/中途採用，(c) 学歴を決めるが，その際には男女雇用機会均等法，障害者雇用促進法の法定雇用率などの法規制にも配慮する必要がある。

中途採用者の場合は，転職支援サイト，エグゼクティブ・サーチ（ヘッドハンティング）のような人材紹介業者などを利用する。しかし，新規大卒の正規従業員を採用する場合には，年間スケジュール，採用予算を立てて，採用計画に基づいて，母集団の形成（採用ウェブ・ページ開設，プレエントリー，セミナー・会社説明会・座談会，本エントリー）→初期選考（書類審査，適性検査・筆記試験）→グループ面接・個人面接→内定通知書・内定承諾書→内定式→入社式・採用辞令交付・誓約書提出という流れになる。ただし，内定は就労始期付解約権留保付の労働契約で，憲法の職業選択の自由もあって内定辞退を禁止できないし，入社後3年以内に中卒者の7割，高卒者の5割，大卒者の3割が辞めるという七五三現象で第二新卒者となる者も多い。こうした若年者の離退職問題の原因を情報非対称性から来るリアリティ・ショックだと考え，インターンシップ制度やRJP（realistic job preview）でワクチン効果を狙う。労働者派遣法の紹介予定派遣制度や若年者トライアル雇用制度もある。採用後も，スター社員の引き留め（リテンション）のためにリテンション・マネジメントをし，辞める若い人にはリターン雇用制度を作り，退職前にあらかじめ制度利用の希望を聞く会社もある。高年齢者（55歳以上）の雇用確保措置では，嘱託社員（再雇用制度の対象者が多い）・契約社員（プロフェッショナル的な働き方をする人が多い）となるが，フルタイム型勤務が好まれる。

こうした嘱託社員・契約社員も非正規従業員だが，その代表格は，アルバイトを含むパートタイム労働者（責任が軽微で勤務時間の自由度が高く就業調整もできる）である。しかし，正社員的パート・疑似パートも多く，パートタイム労働法では正社員登用・転換制度を求めている。こうした直接雇用とは別に，人材派遣会社からの派遣労働者を間接雇用できるが，これは1986年の労働者派遣法で認められたが，かつては職業安定法で禁止されていた。

【参考文献】　安藤（2008）『人的資源管理』第1章・第2章・第7章・第8章。

I

経営管理・組織

　評価・報酬管理……人事考課は，①能力評価，②情意評価（姿勢・意欲），③業績評価からなる。評価エラーを減らすために考課者訓練を行ったり，絶対評価と相対評価を組み合わせたりする。戦前の工員・職員・社員の身分的資格制度は戦後廃止され，不安定な奨励給制だった旧工員も含めて定額給制・月給制となり，年齢給・勤続給など生活給を保障する年功的資格制度になった。さらに，年齢給・勤続給を職能給に置き換え，職能資格等級を用いて職務遂行能力を格付ける職能資格制度が普及し，役職上の昇進と等級上の昇格・昇給を分離した。ただし，最終学歴によって初任格付は異なる。また，理事・参与などの職能等級の呼称もある。賃金体系は，

(a)　所定内賃金＝基本給＋固定的諸手当（役職手当，住宅手当，通勤手当等）

(b)　所定外賃金＝賞与・ボーナス（一時金）＋変動的諸手当（残業手当等）

からなる。昇給には，号俸表・賃金テーブルに則った毎年の定期昇給（定昇；自動昇給，査定昇給，昇格昇給）以外に，経営側と労働組合の交渉で決まるベースアップ（ベア）があるが，毎年春闘の場で交渉が行われるが，経済状況などによって，満額回答からベアゼロまで幅がある。年齢別平均を示した賃金カーブでは見えないが，初任給には大差がなくても，40代ともなると役職，等級，賃金で大きな差がつく。この他，米国式に職務分析をして職務記述書・職務要件書・給与グレードで決めた職務給を基本給とする職務等級制度や，職務特性を日本風に役割等級に変換して役割給を基本給とする役割等級制度がある。また成果主義的な目標管理制度（management by objective；MBO），年俸制（基本年俸・業績年俸併用も含む），業績連動型賞与（＝固定支給分＋会社業績分＋個人業績分）もあるが，成果主義は短期的にピンポイントで目標・業績を達成すればいいという風潮を生み，弊害が大きい。

　異動・昇進管理……日本企業はスペシャリストよりゼネラリスト育成型と言われるが，実際には職場不適応や抱え込み・塩漬け（送り出しに抵抗される）

がなければ，初任配属先（仮配属・本配属先）の職能を核に，定期異動で配置転換（ヨコの（人事）異動）しながら徐々に専門の幅を広げる。その間，異動目的，異動頻度・間隔は年齢で変化する。タテの異動は，各等級に最短在留年数が設定され，現資格・役職からの卒業方式や上位資格・役職への入学方式で昇進・昇格するが，降格もある（降格制度）。入社直後は同一年次同時昇進で遅い昇進などと言われるが，すぐに多段階のふるい分けで昇進スピード競争が始まり，ファスト・トラック型の抜擢人事で逆転人事も起きれば，降格後の敗者復活の機会もある。役職毎に解任年齢を決める役職定年制度もある。異動には転勤（国内転勤・海外転勤）もつきもので，コース別雇用制度で (i) 管理職を目指し全国転勤ありの総合職と (ii) 転勤なしの一般職に大きく二分され，その中間に，(iii) 勤務地限定のエリア総合職・地域限定総合職・準総合職や業務職がある。コース転換可能だが，転勤となると家族帯同か単身赴任かの選択を迫られる。この他にも複線型人事管理制度として管理職群を対象にした専門職制度がある。異動は中央制御型だが，自己申告シートを用いた自己申告制度や社内公募制度・社内 FA 制度もある。

　人材育成……企業は，仕事を通じた OJT（on the job training）・Off-JT（集合研修）・自己啓発で従業員の一般能力・企業特殊能力の企業内訓練を行う。Off-JT は内定者研修（入社前研修），課長研修などの階層別教育や職能別教育があり，社内の教育訓練担当者が担当したり社外の研修機関や専門家に外注したりする。画一的教育プログラムだけではなく，人材育成型や予算枠のある福利厚生型の選択型研修，幹部候補生向けの選抜型研修・企業内大学，後継者育成のサクセッション・プラン，高度技能者に称号・優遇措置を与えるマイスター制度のような社内資格制度，組織内地図をもつためのキャリア面談や CDP（career development program）などがある。ただし研修費用をかける分，たとえば海外留学者の身分拘束が問題になることもある。

【参考文献】　安藤（2008）『人的資源管理』第 3 章・第 4 章・第 5 章。高橋（2020）『経営学入門 第 2 版』第 3 章。

● I-18　労働条件管理　■ ■ ■

　労働基準法では従業員を過重労働から守るために，法定労働時間として労働時間の上限を1日8時間以内かつ週40時間以内と定めている。休憩時間を除く，始業時刻から就業時刻までを所定労働時間と呼び，これを超える早出，残業，休日出勤は時間外労働時間となる。従業員に時間外労働をさせるには，労働基準法第36条が規定するいわゆる36（さぶろく）協定を締結し（業態により特別事情で時間延長可能な特別条項つき36協定もある），それを所轄の労働基準監督署長に届け出て，初めて時間外労働をさせても罰則を受けない免罪的効力が発生する。ただし満18歳未満の年少者や申し出た妊産婦には時間外労働は認められない。逆に管理監督職の場合は労働時間管理の対象から外れ，時間外労働に制限がなくなる。また，所定労働時間が法定労働時間に満たないで，その差分のみ労働する場合は法内超勤と呼び，法定外労働時間とは区別される。法定外労働には割増賃金の支払いが義務付けられている。

　休憩時間や休暇も労働基準法が定める。1日の労働時間が8時間［6時間］を超える場合は休憩時間を少なくとも1時間［45分間］用意する必要がある。休日は，週に少なくとも1日，就業規則に明記があれば4週間に4日以上が法定休日で義務付けられている。週休2日制の上乗せ分1日や祝日は法定外休日という。さらに，要件を満たした者は権利として年次有給休暇（年休，有休）もあり，半日または時間単位の細切れの年休付与や強制的に年休をとらせる計画的付与も認められる。パートタイム労働者の場合もフルタイム労働者と同様の条件を満たすと有給休暇の比例付与が行われる。この他にも慶弔休暇，リフレッシュ休暇のような特別休暇の制度が整備されている場合もある。

　総労働時間を変えない労働時間柔軟化としては，1年・1カ月・1週の単位で均して法定労働時間内に収める変形労働時間制の導入が進んでいる。その一種のフレックスタイム制度では，全員在社のコアタイム（たとえば10時

～15 時）を決め，それ以外のフレキシブルタイムは従業員に自由度があり，時差通勤も可能になる。さらに（a）専門業務型や企画業務型の裁量労働制や（b）外回りの人向けの事業場外みなし制のように，実労働時間に関わらず，所定労働時間分働いたとみなすみなし労働時間制もある。育児・介護休業法は育児・介護休業制度の他に，3 歳未満の子や要介護状態の家族をもつ従業員のために始終業時刻の繰上げ・繰下げによる短時間勤務制度も義務化した。

　しかし，36 協定による時間外労働の上限 1 カ月 45 時間を超える超過労働が頻発し，隠れ長時間労働が蔓延しているといわれて久しい。1992 年施行の時短促進法の後を継いだ 2006 年施行の労働時間等設定改善法では，ノー残業デーが提案されたが，他の日にしわ寄せがきて残業が増えたり，風呂敷残業とも呼ばれる持ち帰り残業が増えたりと一向に改善しない。残業代の過少申告，残業代の足切りなどサービス残業（賃金不払い残業）は常態化し，是正勧告を受ける企業が後を絶たない。管理監督者が 36 協定の適用対象外であることを悪用し，名ばかり管理職にして超過労働を強いて人件費を削減したり，そもそも労働時間規制の適用除外にすべくホワイトカラー・エグゼンプション制度を提案したりと搾取に余念がない。雇用契約を結ばずに，業務委託契約（請負契約）で法規制を逃れ，社会保険加入義務を免れる行為も蔓延していたが，2006 年頃から偽装業務委託契約（偽装請負契約）として摘発されるようになった。自由度が人件費抑制の手段と化し，働き過ぎと健康被害を助長することが多い。

　福利厚生費は，（a）社会保険制度（健康保険，厚生年金保険，介護保険）と労働保険制度（雇用保険，労災保険）の保険料負担分（拠出率が決まっている）を指す法定福利費と（b）住宅関連費，給与住宅制度（独身寮・社有社宅・借り上げ社宅）等の経営側の任意の法定外福利費からなる。このうち（b）は，企業規模が大きくなるほど手厚くなる傾向がある。

【参考文献】　安藤（2008）『人的資源管理』第 6 章。高橋（2020）『経営学入門 第 2 版』第 6 章。

　退職管理（出口管理）で円満なのは定年制度による退職である。高年齢者雇用安定法による定年延長化が進行中で，継続雇用制度（勤務延長制度・再雇用制度）もある。この他にも肩たたきと呼ばれる勧奨退職，契約・休職期間の満了による退職，死亡による自然退職などがある。従業員側から退職願を出して，会社側が承認する依願退職は合意退職だが，一方的に退職届で通告する辞職もあり，どちらも自己都合退職に分類される。早期退職優遇制度あるいは選択定年制度も自己都合だが，会社都合もしくは定年と同等に扱われ優遇される。こうした恒常的に用意された早めの転身を促す制度とは別に，リストラ策として時限的に実施され，退職金の加算金など優遇条件が付与される希望退職制度もある。転退職を念頭に，セカンド・キャリア支援制度，能力開発支援制度，独立開業支援制度や転職先の斡旋，情報提供も重要になる。

　退職以外にも，出向元の会社との労働契約関係を継続したまま出向先の他社で働く出向や，関係を終了させて転籍先に転籍することもある。出向義務は就業規則に明示されていることがあるが，分社に伴う転籍以外の転籍は従業員の個別の同意が必要になる。

　逆に会社側からの解雇もあり，雇用調整の最終段階としての整理解雇，本人原因で解雇猶予措置をとって経過観察を経た後の普通解雇（退職金を支給），譴責・戒告，減給，出勤停止，降格などの懲戒処分の中で最も重い懲戒解雇（退職金の一部／全額不支給），自己都合退職の形をとって退職金は支給する諭旨解雇がある。懲戒解雇になると，即時解雇になり，解雇後に従業員が受給可能な雇用保険の基本手当の給付を受けるまでに3カ月の給付制限期間が生じる。ただし，解雇には次のような法規制がある。

(a)　解雇は合理的理由があり，社会通念上相当でなければ解雇権濫用で無効だと労働契約法が明記している（解雇権濫用の法理）。たとえ整理解雇でも整理解雇の有効性に関する4要件（①人員整理の必要性，②解雇回避努

力義務の履行，③被解雇者選定の合理性，④手続きの妥当性）を満たす必要
がある。

(b) 解雇時期に関して，労働基準法では解雇制限がある。傷病の場合は打切
補償金や傷病補償年金（労災保険）が受けられるようになると制限から
除外できる。

(c) 懲戒解雇以外は，解雇予告の必要性があり，労働基準法では少なくとも
30日前までに本人に解雇予告を行うか，30日分以上の平均賃金を支払
う必要がある。ただし，雇用期間1カ月以下の日雇い労働者や4カ月以
内の季節労働者には解雇予告は必要ない。

　従業員には，退職の際，就業規則等で明確に定められた支給要件（たとえ
ば最低勤続年数など）で退職金が支給される。退職金は，退職一時金と退職
年金を併用するのが一般的である。この他にも在職中から毎年度の賞与や給
与に上乗せ支給していく退職金前払い制度もあるが，給与所得扱いなので，
退職所得控除などの税負担軽減が受けられない。退職一時金の金額は，通常，
(ⅰ) 基礎給，(ⅱ) 勤続年数，(ⅲ) 退職事由別係数で決まる。これらをポイン
ト化し，ポイント単価をかけて金額を計算するポイント制退職金制度もある。

　退職年金制度の年金構造は3階建てにたとえられ，1階部分の国民年金，
2階部分の厚生年金・共済年金，さらに上乗せした3階部分の給付となる。
この3階部分には，かつては，企業が国税庁の承認の下で退職金を外部の金
融機関に積み立てる税制適格退職年金制度（適年）（1962年導入・2012年廃止）
や厚生年金基金制度（1966年導入・2014年実質廃止）が存在したが，バブル
経済崩壊後，運用利回りが極端に悪化し，既に廃止されている。こうした確
定給付金制度の代わりに，2001年には確定拠出年金制度（日本版401K）が
できて，転職しても年金を転職先に持ち越せるポータビリティ化も実現した。
2002年には，制度上は確定給付型だが将来の給付額が市場金利等に連動す
るキャッシュバランスプラン型年金制度も創設された。

【参考文献】　安藤（2008）『人的資源管理』第4章・第7章。

　多国籍企業の人材には，本国国籍を持った本国人材と本国とは異なる国籍を持った海外人材がいる。海外人材の大多数は海外子会社の現地従業員（現地国籍従業員）で，その中心は現地国籍人材（現地人材）である。とはいえ，国籍で割り切れるほど単純な話ではなく，たとえば本国親会社から海外子会社に派遣されるエクスパトリエイト（expatriate；海外駐在員，海外派遣者，海外派遣社員）が本国国籍をもっているとは限らないし，本国国籍を持った者が現地採用されて現地従業員になっているかもしれない。そのように複雑な国際人材の採用・育成・活用を行うのが国際人的資源管理（international human resource management；IHRM）である。

　1960年代末，パールミュッター（H. V. Perlmutter）は，多国籍企業の経営志向を表した次のEPGの順番で国際人的資源管理が発展していくことを想定していた（もちろん例外もある）。これをEPGモデルという。

(E) 本国志向型・エスノセントリック（ethnocentric）……本社主導で主要な意思決定が行われ，海外子会社には重要な役割が与えられない経営志向。いわゆる本国中心主義。そのため，本国人材（parent-country national；PCN）が海外子会社の主要ポストを占め，現地従業員には限定的な役割しか与えられない。

(P) 現地志向型・ポリセントリック（polycentric）……現地のことは現地スタッフに任せる経営志向。そのため現地国籍人材（host-country national；HCN）が海外子会社の主要ポストを占める。

(G) 世界志向型・ジオセントリック（geocentric）……各国拠点が相互に複雑に依存しあい，本社と海外子会社が協調している状況に対応した経営志向。そのため，世界中からベストな人材を起用し，現地で本国国籍でも現地国籍でもない第三国籍人材（third-country national；TCN）が活用されたり，本社で本国人材以外の人材が登用されたりすることもある。

1970年代末にPとGの間に, 近隣諸国を束ねた地域での (R) 地域志向型・レジオセントリック (regiocentric) を追加で入れて, EPRG モデルまたは EPRG プロファイルに拡張したことになっている。

本国人材, 海外人材を問わず, グローバル・リーダー (global leader) が待望されるわけだが, そんな人材はほとんどいないので, 発揮されるグローバル・リーダーシップ (global leadership) や必要な能力グローバル・リーダーシップ・コンピテンシー (global leadership competencies) に注目が集まることになる。こうしたことから, 性別, 人種, 民族, 国籍などが異なる多様な人材を一つの組織としてまとめていくダイバーシティ・マネジメント (diversity management) が重要になる。

多国籍企業ではなくても, 日本国内でも外国人就労者が増えている。外国人が日本で働くには, 就労が認められる在留資格を取得する必要があるが, 永住者やその配偶者, 日本人の配偶者, 日系人などの定住者資格保有者も在留期間内であれば就労が認められる。日本に来ている留学生・就学生も許可申請して認められれば就労可能であるが, これら以外は不法就労となるので注意がいる。

外国人技能実習制度は, 本来は開発途上国等の人に日本の技術や知識を習得してもらい, 出身国に帰ってから役立ててもらう趣旨の制度で, 1993 年に外国人研修・技能実習制度として開始され, 2017 年に新しくなった。この制度の団体監理型では, 事業協同組合や商工会議所・商工会等が受入団体となって技能実習生を受け入れ, 傘下の中小企業で技能実習を行うことになる (この他に, 少ないが企業単独型もある)。仕組みとしては, 外国人が出身国では修得困難な技能等の技能実習を修得 (1年)・習熟 (2年)・熟達 (2年) の最長5年で, 日本の受け入れ先で受けることになっているはずだが, 実際には低賃金労働者として扱われていることが多く, 人権侵害だとの批判が絶えない。

【参考文献】 大木 (2017)『国際経営』第15章。安藤 (2008)『人的資源管理』第8章。

　組織学習については，研究者の間でも，次の3視点の組み合わせた様々な組織学習の定義が行われている。

A）学習主体：(i) 組織メンバーの個人学習とメンバー間の伝達・共有を考える。(ii) 組織を学習主体として擬人化して組織ルーチン，プライオリティ（優先順位），組織アイデンティティといった組織のDNAを考える。(iii) 個人と組織の相互作用・関係性を考える。

B）組織学習成立の判断基準：(a) 知識の増加，(b) 行動の変化，(c) 組織としての物の見方・世界観・価値観・ロジックなどにおける認知の変化，(d) ルーチンの変化といった学習成果。

C）組織学習研究の目的：(i)　学習する組織（learning organization）論のように，問題解決のための処方箋・わざや実践（art and practice）を探究するのか，それとも，(ii) 組織学習メカニズムを記述するのか。

　社会心理学者レヴィン（K. Lewin）は，集団の意識の変化を解凍→再形成→凍結の3フェーズで説明したが，組織学習でも数々のサイクルが提唱されている。たとえば，

(1) ヒューバー（G. P. Huber）のサブプロセスから見た組織学習サイクルでは，①知識の獲得→②情報の分配・移転→③情報の解釈→④情報の記憶→①となる。

(2) マーチ（J. G. March）とオルセン（J. P. Olsen）の学習主体に着目した組織学習サイクルでは，①個人の信念→②個人の行為→③組織の行為→④環境の反応→①　となる。

　ただし，こうした完全な組織学習サイクルは常に成立しているわけではなく，連環が切れて不完全な組織学習サイクルになることもある。(2) のマーチ＝オルセンのサイクルでいうと，

(a) 役割制約的学習……気づきながらも慣性や保身で①②間が切れる裸の王

様現象。

(b) 傍観者的学習……傍観者的立場をとることで，②③間が切れる。

(c) 迷信的学習……迷信により③④間が切れる。

(d) 曖昧性下の学習……環境の反応に色々な解釈が可能で④①間が切れる。

　ただし，完全なサイクルでは，近視眼や学習のジレンマが生じて脆弱な組織になりがちで，むしろ不完全なサイクルの方が自然で，断片的な学習の積み重ねが創造性の源泉になるという考え方もある。

　その考えに基づくのが，**クロッサン**（M. M. Crossan）と**レイン**（H. W. Lane）と**ホワイト**（R. E. White）の４Ｉフレームワークである。個人レベルの洞察・直感（intuiting）から組織学習が始まり，組織的な解釈（interpretation）が加わってグループ・レベルの学習活動へと変わり，組織として統合（integrating）され，組織内での記憶・定着が図られ制度化（institutionalizing）の動きが起こる。そしていったん制度化されれば，再び個人レベルの洞察・直感に戻って行くと考えている。

　組織の記憶に関しては，（A）①符号化（encoding）→②保持（retention）・貯蔵（storage）→③検索（retrieval）・取り出し　の過程とか，（B）感覚レジスタ→一部が短期記憶あるいはワーキング・メモリ→一部が長期記憶　と主張する多重貯蔵庫モデルとか，（C）意識的な宣言的記憶（declarative memory）と無意識の手続き的記憶（procedural memory）に分類するとか，いずれもコンピュータのアナロジーの域を出なかった。そんな中で，「組織内の誰が何を知っているのか」の記憶トランザクティブ・メモリ（transactive memory）が注目されている。

　また，ナレッジ・マネジメントで**野中郁次郎・竹内弘高**の知識創造理論のSECI（セキ）モデル：①共同化（socialization）→②表出化（externalization）→③連結化（combination）→④内面化（internalization）→①　も注目されている。

【参考文献】　安藤（2019）『組織学習』第１章・第２章・第９章。

● I-22　学習曲線 ■ ■ □

　特定の作業を繰り返すと，learning by doing（行動による学習）つまり適応学習（adaptive learning）により，時間の経過とともに生産コストや不良品率が右下がりの曲線を描いて低下することがある。これを学習曲線（learning curve）と呼ぶ。20世紀はじめの行動主義心理学の学習心理学では，最初，動物を使い，問題箱に入れて試行錯誤させると，次第に誤反応が少なくなり，正反応に至るまでの時間が短くなっていく学習曲線が得られた。人間を使ったキャッチボールのエラー数でも同様の曲線が得られた。

　経営学の関連では，航空機メーカーの技師ライト（T. P. Wright）が1936年に出した論文で，累積生産量が2倍になるごとに1機当たりの直接労働時間（加工時間）が80％になる（これを学習率という；進歩率＝100％−学習率＝20％）ことを見出した。この関係を両対数グラフに描くと直線になるので，対数線形モデルと呼ばれる。この学習曲線は，すぐに第二次世界大戦で米国政府が航空機や船舶を調達する際の原価計算に使われるようになった。こうした事情から，基礎研究の研究成果の一部は，戦後しばらくは軍事機密扱いになっていた。

　そうした基礎研究の成果として，一工場内であっても，当然のことながら製品によって学習率にはばらつきがあることがわかっている。その形状も，やがて進歩率が低下してプラトー（plateau；高原）状態になったり，進歩とプラトー状態を繰り返してジグザグ型になったりと様々である。特に注意しなくてはならないのは，通常は，最初の頃，学習率は低くて曲線が下方に曲がる性質（初期凹性）があることで，これは，部品も含めた完全な新製品など存在しないので，実際には，学習プロセスを途中から観察することになるのが原因である。

　しかし，累積生産量がどんどん増えると，次第に対数線形型になることもわかっている。理論的には，

（i） 製品の製造プロセスが多数の工程または作業に分割され，

（ii） そのそれぞれで，より低コストで済む技術的代替案が無作為探索されている。

といった条件を満たせば，学習曲線が対数線形型になることをミュース（J. F. Muth）が1986年に証明している。

　ところが，こうした基礎研究を無視して，学習率80％を強調して簡便な予測ツールとして使ったり，経験曲線と名を変えて，生産コストだけではなくて，どんなコストでも（したがって総コストも）両対数グラフだと直線を描いて低下するのは経験則なのだと主張されたりしてきた。これを経験曲線効果と呼んで，PPMやコスト・リーダーシップの価格戦略の根拠とされたりもしている。しかし，基礎研究の成果からすれば，こうした主張は誤りである。実際，学習が適切に行われなければ，ただ大量に作っても，単位当たりの生産コストは下がるとは限らず，逆に上昇してしまい，U字カーブになってしまう可能性すらある。

　これとは別の意味での学習曲線の限界もある。**フォード自動車**では，T型フォードを1908年から1927年までの20年間で1500万台も生産して，学習曲線に沿うように生産コストと価格を低減させていった。しかし，このことで生産システムが柔軟性を失い，やがて生産性のジレンマに陥ることになる。その結果，モデル・チェンジに途方もない時間とコストがかかることになってしまった。

　生産性のジレンマと同様の指摘は，組織学習論でもされている。**マーチ**（J. G. March）たちの組織学習論では，過去の成功がもたらす組織ルーチンに関する組織の効力感（efficacy）が，環境不適応の原因となる有能さの罠（competency trap）が指摘されている。また，適応学習には，単純化（simplification）と専門化（specialization）が重要ではあるのだが，とはいえ，それが過剰になるほど組織学習のジレンマが引き起こされる。

【**参考文献**】　安藤（2019）『組織学習』第3章・第4章。宮崎（2011）『事業戦略』第3章。

　マーチ（J. G. March）たちの組織学習論では，適応学習は，次のような学習の近視眼（myopia of learning）をもたらすといわれている。

A）時間的な近視眼……遠い時点の見落とし（overlooking distant times）により，短期的な自己強化（self-reinforcing）型の学習を優先する。

B）場所的な近視眼……全体最適よりも身近な部分最適を優先する。

C）成功バイアスの近視眼……失敗から学べない。ナルシスト経営者にありがち。

　それでは困るので，アドラー（P. S. Adler）とクラーク（K. B. Clark）は，こうした学習曲線の表のメカニズムである一次学習（first-order learning）だけではなく，一時的には組織に混乱や不安定を招き，成果を損なうことになっても，裏のメカニズムとして二次学習（second-order learning）が自浄機能として働くと主張する。ただし，短期的とはいえ，成果の落ち込みが大きいと，今度は淘汰の近視眼（myopia of selection）の犠牲になるおそれがあるので注意がいる。

　アージリス（C. Argyris）とショーン（D. A. Schön）は，期待する結果が得られなかった時，

(1) 行動を見直すシングル・ループ（single-loop）学習

(2) 行動の基盤になっている価値前提を見直すダブル・ループ（double-loop）学習

の2種類の組織学習プロセスに大別されるとした。一次学習やシングル・ループ学習は低次学習（lower-level learning），二次学習やダブル・ループ学習は高次学習（higher-level learning）とも呼ばれる。

　しかし，個人だと自己防衛スイッチが入ってしまうので，価値前提を見直すことは難しく，熟練化された無能（skilled incompetence）の状態になって，他人の助言も受け入れなくなる。そこでヘドバーグ（B. Hedberg）は，価値

前提を積極的に捨て去るアンラーニング（unlearning）が必要だと説き，特に個人ではなく組織として行う場合には組織的アンラーニング（organizational unlearning）と呼んだ。その場合，捨て去る（棄却する）だけでなく，置き換えることも重要で，学習→棄却→再学習のプロセスをなすと考えられている。

　また，アージリスとショーンは，組織には表向き掲げる信奉理論（espoused theory）とメンバーの行動を実際に支配する使用理論（theory-in-use）があるとし，使用理論には，価値前提を見直すことを拒むモデルⅠと価値前提を見直すサイクルを入れたモデルⅡがあるとした。そして，モデルⅠの使用理論が横行しているO–Ⅰシステムでは，ゼロサムの win-lose ゲームに基づく行動が組織に多くの誤解と加速度的なエラーをもたらすことになり，この悪循環から抜け出すのは難しくなる。そこで，外部からの介入（intervention）で個人やチームの心理的安全を図りながら価値観を解きほぐしたり，学習のための学習（deutero-learning）により，組織アンラーニングを喚起したりして，モデルⅡに転換できれば，今度は，モデルⅡの使用理論が支配する O–Ⅱ システムとなり，高次学習が飛躍的に起こりやすくなると説いた。

　ただし，低次学習と高次学習にはトレードオフ（tradeoff）の関係があり，一方をとれば，もう一方を犠牲にしなければならないともいわれる。その代表的論者はマーチで，イノベーションを含んだ探索（exploration）と含まない活用（exploitation）の双子の概念を唱え，組織資源の有限さから，両者にはトレードオフの関係があるとした。つまり，探索と活用は両立しないというのである。しかし，後になって，こうしたマーチの主張への疑問から，高次学習と低次学習の逐次的なバランスもしくは同時実現で両立しようとする組織的な両利き（organizational ambidexterity）もしくは両利きの経営（ambidextrous organization）もあるのではないかといわれるようになり，関心が高まっている。

【参考文献】　安藤（2019）『組織学習』第 4 章・第 5 章。

● I-24　組織学習のマネジメント　■ ■ ■

　コルブ（D. A. Kolb）の経験学習理論の学習サイクルでは，①具体的な経験
→②内省的な観察→③抽象的な概念化→④能動的な実験→①，そして①⇄③
の知識の獲得，②⇄④の知識の変形の2種類の緊張を解決しながら学習が進
む。このように，学習活動における経験の役割は大きく，そこにマネジメン
トの可能性がある。

　経験・学習には，（a）仕事を通じた試行錯誤や実験的な学習・即興的な学
習といった直接経験（direct experience）・直接学習と，（b）学習対象（モデル）
の観察学習（observational learning）・モデリング学習や模倣学習（imitative
learning）のように他者の経験から学ぶ代理学習（vicarious learning）つまり
間接経験（indirect experience）・間接学習がある。ベスト・プラクティスを
間接学習して短期間で追いつければ後発優位となってしまう。そのため，競
争優位性の獲得・維持には模倣されにくい必要がある。しかし間接学習にも
因果関係の誤認やサンプリング・バイアスといった限界がある。

　直接学習と間接学習の組み合わせ方（順番）である学習の連続性（learning
sequences）には，（A）単独型（soloing）：直接学習（実験的な学習）→直接学
習（試行錯誤），（B）種まき型（seeding）：間接学習（代理学習／他者の助言に
よる学習）→直接学習（試行錯誤）のパターンがあり，業績に影響すること
が知られている。成功経験と失敗経験の組み合わせ方も同様で，これは，組
み合わせ次第で知識獲得のためのレディネス（準備状態）や吸収能力（absorp-
tive capacity）が変わるからだといわれる。

　知識移転として見ると，移転元・送り手（source）→移転先・受け手（re-
cipient）のダイアド（dyad；二者）関係の中で，知識移転プロセスは，導入
（initiation）→実行（implementation）→本格移行（ramp-up）→統合（integration）
と考えられる。その際，文書化されたような形式知（explicit knowledge）の
知識移転は比較的容易だが，ノウハウや勘のような暗黙知（tacit knowledge）

の知識移転は難しい。移転コストで表した移転のしにくさを情報の粘着性（information stickiness）と呼ぶが，これは送り手側の暗黙知を形式知化する能力次第で増減する。知識移転が成功するには，送り手・受け手とも移転に関するモチベーションの高さ，知識移転に関する能力が必要になるし，両者間の信頼関係，共通の経験・コンテクスト，構造上の要因（距離），コミュニケーション頻度が重要になる。橋渡し役の翻訳者も必要かもしれない。両者間には情報の非対称性があるので，互恵性・異質性・同質性で知識移転の価値や必要性を理解しないと，知識の囲い込みが生じてしまう。

　移転された知識が成果を出すには，組織の知として正統性を与えた上で，センスギビング（sensegiving；意味付与）する必要がある。**ダフト**（R. L. Daft）と**ワイク**（K. E. Weick）は，組織は情報処理システムというよりも情報解釈システムであり，①探索（scanning）→②解釈（interpretation）→③学習（learning）→①　のサイクルの中核に②解釈があるという情報解釈システム観を提示した。そして，環境についての仮定（assumptions about environment）が「分析不可能」で，組織の侵入性（organizational intrusiveness）については環境に対してその組織が「能動的」なときの解釈モード（interpretation mode）を，組織が環境に主体的に働きかけるイナクトメント（enactment；環境有意味化）だとした（他の3解釈モードは，間接的な見方，状況適応的な見方，発見）。ワイクは組織メンバー間でもセンスメイキング（sensemaking；意味形成）が行われると考えた。

　ベティス（R. A. Bettis）と**プラハラッド**（C. K. Prahalad）の組織の情報解釈の漏斗（フィルター）モデルでは，(i) 組織の知性の側面：組織は認知フィルター（cognitive filter）を通して認識するので，フィルターの口が広い方が対象情報範囲は広く，(ii) 組織学習の側面：支配的な成功の方程式ドミナント・ロジック（dominant logic）のバイアスがある組織学習が行われる。

【参考文献】　安藤（2019）『組織学習』第6章・第7章・第8章。高橋（2020）『経営学入門 第2版』第9章。

　1980年代，米国では，組織文化（organizational culture）や企業文化（corporate culture）が注目された。この時期，日本企業が世界で躍進し，対照的に米国企業が低迷し，その原因を探ろうとする研究が米国で盛んになった。**オオウチ**（W. G. Ouchi）の『セオリー Z』（1981年）はその代表格で，米国企業でも**IBM，ヒューレット・パッカード**（HP），**インテル**などは日本企業と類似した特徴をもっているとし，それをタイプ Z と呼んだ。そして，このタイプ Z による経営が米国でも可能であり，それで生産性が左右されると主張した。組織文化は，シンボル，儀式，神話といった組織文化の象徴性と，その根底にある共通の価値観のような組織文化の抽象性の両面があり，後者は企業理念や社是・社訓の中に見ることができる。ただし，メンバー間の共有の度合いや影響力の程度によって強い文化もあれば弱い文化もある。

　ホフステッド（G. Hofstede）は，多国籍企業 IBM を対象にした調査で，国民文化の4次元として，権力格差，不確実性の回避，個人主義，男性らしさを見出した。これは後に国際経営の分野で文化的距離（cultural distance）を測定するのに用いられるようになる。ホフステッドは普遍的レベル，集合的レベル，個人的レベルの3レベルの心理的プログラム（mental programs）を構成概念（construct）として考え，人間の文化は集合的レベルに属するとした。

　ただし，文化はそれ以前から社会学や文化人類学で論じられてきた。社会学者**マートン**（R. K. Merton）は，(a) 人々が努力するに値する文化的目標（culture goals）と，(b) この文化的目標を達成するために許容された制度的手段（institutionalized means）をそれぞれ受容する（＋）か拒否する（－）かによって，個人の適応様式の類型を同調（＋＋），官僚主義的な儀礼主義（－＋），革新（＋－），逃避主義（－－）に分類した。つまり革新とは，文化を強化する中で，既成の枠を超えた行動を起こしていくことを意味する。実際，

1980年代に多くの日本企業が試みたコーポレート・アイデンティティ（corporate identity；CI）は，そうした運動だった。また，1973年のオイル・ショックで，日本経済が高度成長から低成長・安定成長へと移ると，日本企業の間では組織活性化が叫ばれたが，組織の活性化された状態とは，マートンの革新と同様に，組織への一体化が強く，無関心圏が狭い状態と考えられた。

文化人類学者ホール（E. T. Hall）は，低コンテクスト（low-context；LC）・コミュニケーションと高コンテクスト（high-context；HC）・コミュニケーションに分類した。LCでは，情報の大半は明白に言葉の形で伝達されるのに対して，HCでは，情報のほとんどが文脈（コンテクスト）の中に内在化されていて，言葉少なにコミュニケーションが行われる。

組織のアイデンティティという切り口もある。組織アイデンティティ（organizational identity）は，個人のアイデンティティの類推で，(a) 一つの組織には唯一つ，(b) 他の組織と比べてユニーク，(c) 時を経ても変わらない，と暗黙に仮定されていた。しかし，アルバート（S. Albert）とウェッテン（D. A. Whetten）は，明確に異なる基準を提唱した：(A) 宣言されていれば，一つでなくて複数存在してもいいという宣言性（claimed central character），(B) 他者と比較可能で自己分類できれば，ユニークでなくてもいいという識別性（claimed distinctiveness），(C) 連続的であれば，時が経つにつれて変化してもいいという時間的連続性（claimed temporal continuity）。ダットン（J. E. Dutton）とデュケリッチ（J. M. Dukerich）によるニューヨーク・ニュージャージー港湾公社の調査では，少なくとも6つのアイデンティティがあり，そのほとんどは全員ではなく一部の人が共有しているもので，時期によって異なるアイデンティティが姿を現していた。複数の人間が構成する組織は，多重人格者のようなものであり，時期によって異なる人格が姿を現し，それがその時の組織を支配していると考えた方が，自然なのである。

【参考文献】　高松・具（2019）『経営管理　第2版』第7章。高橋（2020）『経営学入門　第2版』第6章・第7章。山田・佐藤（2014）『マクロ組織論』第15章。

● I-26 組織構造 ■ ■ □

　1人の上司が直接,有効に管理・統制できる部下の数のことを管理の幅(span of management) あるいは統制の幅（span of control）と呼ぶ。管理の幅には限界があり（つまり，1人の上司は，ある程度の人数までしか管理できない），そのために，大規模な組織では階層構造をとらざるをえなくなる。管理の幅としてはだいたい10人前後の数字があげられることが多いが,諸条件によって変わってくる。たとえば，コンティンジェンシー理論の代表的な論者の一人,英国の**ウッドワード**（J. Woodward）は，生産システムによって組織の構造やシステムが異なると主張し,ラインの末端監督者が管理する従業員の数は「単品・小バッチ生産」と「プロセス生産」という技術進歩の両端では少なく（平均で10人とか20人程度）,その間の「大バッチ・大量生産」では多い（平均で50人程度）ことを調査で明らかにしている。

　こうした階層原理は,既に『旧約聖書』にも登場していた。『旧約聖書』の『出エジプト記』では,ユダヤ民族を率いてエジプトを脱出したモーセ（古い表記ではモーゼ）の宿営地を義父の祭司エテロが訪れ,モーセに対し,争いごとを一人で処理するのは無理だから,有能で信頼できる人々を千人の頭,百人の頭,五十人の頭,十人の頭として民の上に置き,通常は彼らが民を裁くようにし,大きな争いごとのときだけモーセが裁くようにすべきだとアドバイスし,モーセはこれを聞き入れたとされる。

　これが,大きな集団は階層構造で管理すべきという最初の記述だとされている。ちなみに「大きな争いごとのときだけモーセが裁く」ルールは,後の経営学（特に管理過程学派）では例外の原則（exception principle）と呼ばれる。そして,管理者はこうした例外に注意と努力を集中することで良い結果が得られると考えられている。

　今では,大きな組織のイメージは,だいたいがこのようなピラミッド型組織だろう。会社の組織構造で考えれば,上からトップ（経営者）・ミドル（管

理者)・現場層というように，縦の分業によりピラミッド型の階層構造が形成される。その際，命令系統の一元性（unity of command）や統制の幅の限界に注意しながら，上司一人当たりの部下の数を抑える必要がある。したがって，大きな組織になるほど階層数は増えるし，職能間の分業も分業化の程度が大きくなる。

　実際の組織構造では，生産とか販売といったライン部門と呼ばれる実行組織だけではなく，人事，企画，経理，総務といったスタッフ部門と呼ばれる支援組織も分化するようになり，これをライン・アンド・スタッフ組織と呼ぶ。このように規模以外にも，環境，技術，戦略，組織文化などが組織デザインに影響する。

　大きな組織を効率的に動かすために，社会学者ウェーバー（M. Weber）は，
①　職務を専門化することで分業し，
②　担当者が変わることで対応が変わらないように規則を明確化し，
③　文書によって記録すること
というような特徴を挙げたが，こうした特徴をもっている組織が官僚制組織である。官僚制組織は役所に限らず，民間企業も含めて広く観察することができる。

　それに対し，「もっと柔軟に対応しろ！」と担当者を恫喝するような人間も出てきて，もっともらしく官僚制批判を展開することもあるわけだが，よく考えてみると，要するにこれは「自分だけ特別扱いしろ」と言っているわけで，本来，そんな輩の身勝手を許さないために官僚制が存在する。ただし，あまりにも「お役所仕事」的で，硬直的に対応していると，社会学者マートン（R. K. Merton）がいったように逆機能と呼ばれてしまうことになる。ここで逆機能とは，社会学者がdysfunctionにつけた訳で，辞書的には機能不全のことである。

【参考文献】　高松・具（2019）『経営管理　第2版』第2章・第6章。高橋（2020）『経営学入門　第2版』第8章。

● I-27 組織デザイン ■ ■ ■

代表的な組織デザインとしては，次の3つがよく挙げられる。

A）職能別組織（functional form）……生産，営業，経理，人事，総務，研究開発といった職能別に部門が分かれている組織。

B）事業部制組織（divisional organization）……総合本社の下，製品別や地域別にプロフィット・センター（profit center）としての事業部（それぞれが職能別組織）に分けている組織。事業部は事業グループ，事業ユニットと呼ばれることもある。事業部の独立性と自由度を高めて，あたかも独立した会社のように扱い，カンパニー制と呼ばれることもある。あるいは，たとえば研究開発だけを事業部から分離して独立に設けているような事業部制組織と職能別組織のハイブリッド構造もある。

C）マトリックス組織（matrix organization）……複数の命令系統が存在する組織。命令系統一元性の原則（principle of unity of command）に則ったワンボス・モデルとは異なり，たとえば，職能別の軸と事業別の軸の両方を取り入れた組織で，職能別の上司と事業別の上司の2人の上司をもつことになるのでツーボス・モデルとも呼ばれる。もともとは1960年代に米国のNASA（航空宇宙局）が，アポロ計画に関係した企業にプロジェクト組織の導入を薦めたことがきっかけで，職能別組織にプロジェクト・チームという横串を刺したような編成が行なわれたのが始まりだといわれている。それが恒常的になったのがマトリックス組織である。他にも，課題解決のために複数部門から人を集めて組織されるタスク・フォース（task force）もある。

チャンドラー（A. D. Chandler, Jr.）は「組織（構造）は戦略に従う」（structure follows strategy）と唱え，成長戦略に応じて事業部制組織になるとした。米国では1920年代に，化学のデュポンと小売のシアーズは多角化して職能別組織から事業部制組織へと移行した。自動車のゼネラル・モーターズ（GM）

は持株会社・子会社のグループから総合本社を設置して事業部制組織に移行した。石油の**ニュージャージー・スタンダード**は職能別組織と，組織改編前のGMと同じ分権化の行き過ぎた組織の両方から成り立っていたが，事業部制に移行した。日本でも**松下電器産業**（現 パナソニック）が1933年には事業部制を導入している。

海外進出でも組織デザインは変わる。たとえば地域経済圏に対応して地域統括組織を採用したり，連結納税で節税するための持株会社地域統括会社（地域本社）を設置したりする。1970年代，**ストップフォード**（J. M. Stopford）と**ウェルズ**（L. T. Wells）は米国の多国籍企業を検討して次の4フェーズを提示した。①比較的少数の海外子会社が自立している海外進出の初期段階。②海外子会社を統制するために，本国親会社に国際事業部が設置される。③全社的な戦略計画に対応して，（a）海外で製品多角化戦略をとる場合は世界的製品事業部制（worldwide product division），（b）海外の売上重視戦略をとる場合は地域事業部制（area division）になる。④最終的には製品多角化と売上重視の両立が目標になるので，製品事業部と地域事業部が交差するマトリックス組織グリッド組織（grid organization），グローバル・マトリックス方式（global matrix）になる。実際，1958年に対米輸出を始めた**トヨタ自動車**では，1971年に輸出部ができ，1989年に部門制がとられると，海外関係部門が作られ，2012年に本部制を導入すると，生産や技術に関する本部と同レベルで，北米本部や欧州本部といった地域本部が誕生した。

また，組織単位間の分業と階層による調整といった官僚的コントロールの場合はハイアラーキー（hierarchy），多中心で組織文化・価値・仲間意識などによる社会化（socialization）を通じた規範的コントロールの場合はヘテラーキー（heterarchy）と呼ばれる。

【参考文献】　山田・佐藤（2014）『マクロ組織論』第1章。高松・具（2019）『経営管理 第2版』第6章。高橋（2020）『経営学入門 第2版』第12章。粕谷（2019）『経営史』序章。大木（2017）『国際経営』第5章。

I

経営管理・組織

　バートレット（C. A. Bartlett）とゴシャール（S. Ghoshal）は，海外子会社を（a）他社または自社の他拠点と比較して優位性をもつオペレーションをしていたり知識を保有していたりという競争力（能力と資源）の高低，（b）市場の大きな国あるいは重要な資源や知識を得られる国といった現地環境の戦略的重要性の高低で，次の4つに類型化した。

A）戦略的リーダー（strategic leader）【高競争力・高戦略的重要性】

B）貢献者（contributor）【高競争力・低戦略的重要性】

C）実行者（implementer）【低競争力・低戦略的重要性】

D）ブラック・ホール（black hole）【低競争力・高戦略的重要性】

　このうちBとCは戦略的には重要ではない市場にいながらも頑張っている海外子会社だが，Dのブラック・ホールはうまくいっていないといえる。ただし，これはそもそも海外子会社によって，与えられた役割が異なるからだともいえる。

　海外子会社の役割は，（i）本社からの役割の付与，（ii）海外子会社自らの戦略的イニシアチブ（strategic initiative）による海外子会社の選択，（iii）現地環境による影響などによって決まってくる。実際，世界規模の製品開発・マーケティングに関する権限グローバル・マンデート（global mandate）を持つ海外子会社や，一部の機能だけが世界レベルで貢献しているセンター・オブ・エクセレンス（center of excellence：COE）といった多国籍企業全体に影響力のある強い海外子会社が存在している。

　多国籍企業は，（a）できる限りグローバルに標準化された製品やサービスを供給する標準化（standardization）と，（b）各国にローカライズした製品やサービスを投入する適応化（adaptation）のどちらを選ぶべきか。アプローチの一つとして，（a）グローバルな統合（integration）と（b）ローカルへの適応（responsiveness to local）の2軸からなるI-Rグリッド（I-Rフレームワーク）

で各産業をポジショニングできる。1980年代末，バートレットとゴシャールは，日本，欧州，米国からそれぞれ家電，日用雑貨，通信機の企業1社ずつの9社の海外展開を調べると，国ごとに経営的な共通点があるとした。【 】内にI–Rグリッドでのポジションも示す。

(1) グローバル（global）組織【高I・低R】……資源や能力の多くは本国に集中し，その成果が世界規模で活用される。日本企業に多い。

(2) マルチナショナル（multinational）組織【低I・高R】……資産や能力は海外子会社に分散し，本国親会社の統制は弱く，各国拠点は自立している。欧州企業に多く，その歴史も古い。マザー・ドーター組織（mother daughter form）とも呼ばれる。

(3) インターナショナル（international）組織【低I・低R】……コアとなる能力は本国に集中させるが，その他は海外子会社に分散させる。米国企業に多い。

そして，これら3つの良いとこ取りをしたのがトランスナショナル（transnational）組織【高I・高R】で，資産や能力は各国に分散し，各国拠点は専門化され，それぞれ適応能力があるが，拠点同士は相互依存的で知識共有できるとされている。しかし，本当にそんな理想的な企業が存在するのだろうか。実際，彼らがトランスナショナル組織に限りなく近いとして挙げた電力・重工業の多国籍企業ABB（Asea Brown Boveri：本社はスイス）は，2000年に赤字になり，2001年にはそれまで採用していたグローバル・マトリックスも改編されてしまう。

そこで，代わりに理想形としてドーズ（Y. Doz）らが提唱したのが，フィンランドのノキアのように，たとえ母国がその企業のビジネスに向いていなくても，世界中から知識を入手・活用して競争優位を築くメタナショナル経営（metanational management）である。

【参考文献】　大木（2017）『国際経営』第6章・第8章・第9章。山田・佐藤（2014）『マクロ組織論』第5章。

　かつて，組織といえば官僚制組織（bureaucratic organization）だった。バーンズ（T. Burns）とストーカー（G. M. Stalker）は，『イノベーションの管理』（1961年）で，それを機械的管理システム（mechanistic management system）と呼んだが，英国の20社を調査したところ，変化率が大きいエレクトロニクス産業では，それとは対極の特徴を持つ有機的管理システム（organic management system）が採用されていることが多かった。

　ウッドワード（J. Woodward）のサウス・エセックス研究では，英国南東部エセックス州のサウス・エセックス地域の全製造関係企業203社のうち従業員数が101人以上の110社中100社を調査し，『産業組織』（1965年）としてまとめた。11種類の生産システムを①単品・小規模バッチ生産，②大規模バッチ・大量生産，③プロセス生産の3カテゴリーに分類し，組織特性の分布を調べると，

A）技術進歩に伴って変化するもの……①→②→③の順に，管理階層数，管理者・監督者の割合，直接労働者に対する間接労働者の割合などは増加し，逆に，総売上に対する労務コストなどは減少した。

B）技術進歩の両端①と③で類似するもの……現場監督者の統制範囲などは②で多く，②では機械的管理システム，①と③では有機的管理システムの傾向があった。

　さらに，各カテゴリーで，業績が平均以上の企業と平均以下の企業に分けて比較すると，高業績企業は，こうした組織特性を示す数値が，各カテゴリーの中位にあり，低業績企業は両端にあった。つまり，生産システムに適した組織特性があるのである。

　ローレンス（P. R. Lawrence）とローシュ（J. W. Lorsch）は，不確実性の高い環境で高業績をあげていた組織は，高度な分化（differentiation）と統合（integration）を同時に実現していたが，不確実性の低い環境では，高業績をあ

げていた組織でも分化と統合のレベルは低かったことを見出した。そして，『組織と環境』（1967年）の中で，バーンズとストーカーやウッドワードを先行研究として挙げ，環境条件が異なれば，有効な組織特性も異なることを示した研究をコンティンジェンシー理論（contingency theory）と総称した。

　実は，同年，トンプソン（J. D. Thompson）は，『行為の中の組織』（1967年）で，ランダムではない計画的で筋の通った合理的な行為の中に，われわれは組織を見出すのだという組織観を提示し，特に技術的な合理性を強調した。そして，次のようにコンティンジェンシー理論を理論的に展開し，その後の資源依存理論の理論的源泉ともなった。まず，テクニカル・コア（technical core）が経済性を発揮するために，組織は境界を引き，内部環境にテクニカル・コアを置き，外部環境から隔離する。さらに，その境界上に境界単位（boundary-spanning unit）を置き，

(a) インプット側でもアウトプット側でも緩衝（バッファ）在庫をもつことで緩衝化（buffering）し，

(b) 電気や電話のように，需要が谷となる夜の時間帯に夜間・深夜割引料金等を設定して，ピーク時の需要の一部を谷に回すことで需要をできるだけ平準化（leveling）する。

(c) それでも環境変動から保護できないときには，環境の変化を予測して適応する（anticipate and adapt）。

(d) それでもだめなら，優先順位の高い活動・機能だけは確保して，他は省いてしまう配給制（rationing）にする。

　このうち（d）は，組織をパソコンにたとえると，パソコンのフリーズ時に，キーボードなど必要最低限のデバイスのドライバだけを起動し，他の機能は無効にしておく「セーフ・モード」という起動モードがあるが，そんなイメージである。

【参考文献】　山田・佐藤（2014）『マクロ組織論』第3章・第8章。高橋（2020）『経営学入門 第2版』第7章。

　コンティンジェンシー理論では，少なくとも暗黙裡に（a）組織は自ら変わることで環境に適応すると想定していた。それに対して，**ハナン**（M. T. Hannan）と**フリーマン**（J. Freeman）らによる組織エコロジー論では，（b）環境に適した組織だけが生き残ると考えた。なぜなら，組織の変化は環境の変化に比べて遅く，構造的慣性（structural inertia）があるからである。個々の組織の環境適応は困難だが，個体群（population）レベルで考えると，環境に不適合な組織は淘汰され，環境に適合した組織が生き残ることで，個体群は環境に適応する。

　たとえば，組織はそれぞれニッチと呼ばれる領域の中で活動している。スペシャリスト組織は狭いニッチに専門特化することで適応度を高めたがために，環境変化が起きたときには対応が難しくなる。それに対して，ジェネラリスト組織は広いニッチで適応度はそれほど高くないが，環境変化への対応力はある。仮に，環境が不安定であれば，スペシャリスト組織は淘汰され，ジェネラリスト組織が生き残るわけだが，この現象は，組織個体群レベルでは「ジェネラリスト組織個体群」が環境に適応する過程と記述される。

　個体群密度と誕生率の間には逆 U 字の関係があるとされる。個体群密度と死亡率の間には U 字の関係があるとされ，このうち前半の個体群密度とともに誕生率が上昇し死亡率が低下する局面は，環境の制度的支持や正統性（legitimacy）獲得と結び付けて説明される。また死亡率には組織の年齢も影響し，新しい組織ほど死にやすいという新しさの不利益（liability of newness）が指摘され，確認されている一方で，逆に，組織が古くなってくると，今度は加齢の不利益（liability of aging）が生じるとも指摘されている。他にも，新しさによる不利益と重なるが，小さいことによる不利益（liability of smallness）も指摘されている。

　組織エコロジー論が考えているように，同じ組織フィールド（organizational

field）内で生存競争をすると，適者生存で生き残ったものは同型化（isomorphism）してくる。このように，われわれはついついパフォーマンスに優れた形態が生き残ったために同型化したと考えがちだ。ディマージオ（P. J. DiMaggio）とパウエル（W. W. Powell）は，これを競争的同型化（competitive isomorphism）と呼んだが，実は別のメカニズムによる同型化もあると指摘した。それが制度的同型化（institutional isomorphism）で，必要な資源を得やすくする目的で正統性を示すための同型化として，次の3種を挙げた。

（a）法的規制のような強制的同型化（coercive isomorphism）

（b）模倣的同型化（mimetic isomorphism）

（c）教育や職業的専門化に起因する規範的同型化（normative isomorphism）

　このように，なぜ同型化するのかを説明しようとするアプローチは新制度派組織論と呼ばれる。一般論として，制度を変えていくときには，既存の制度を壊したり，新たな制度を作ったりすることのできる制度的企業家（institutional entrepreneur）の存在が重要になる。

　人々が何らかの行為を行うためにアクセス・活用する社会ネットワークに埋め込まれた資源はソーシャル・キャピタルと呼ばれ，戦略的提携や産業集積も複数企業間の社会ネットワークである。社会ネットワーク分析の基礎はソシオメトリーの研究者たちによって築かれた。行為者をノード（node）つまり点で表し，つながりのあるノードを結ぶ線は紐帯（ちゅうたい：tie）と呼ばれる。企業間であれば，市場取引としての紐帯もあれば，より緊密な埋め込まれた紐帯もある。ノードとノードが紐帯で結ばれている時，直接結合（cohesion）していると呼ぶ。2つのノードが，ラベルを入れ替えてもネットワークの構造が変化しないとき，2つのノードは構造同値（structural equivalence）の関係にあるという。組織フィールド内での同型化の原因も直接結合・構造同値といった関係性に求められる。ネットワークで紐帯の欠けた所は構造的空隙（structural hole）と呼ばれ，仲介者が生まれる機会となる。

【参考文献】 山田・佐藤（2014）『マクロ組織論』第12章・第13章・第14章。

● I-31 資源依存理論 ■ ■ ■

　市場取引では価格で売買が調整されるが，組織内部であれば，上位者の公式権限（formal authority）で調整される。では，企業間の取引，たとえば自動車メーカーとサプライヤーとの取引はどうなるのだろう。それを扱うのが組織間関係論（interorganizational relations）である。組織間関係論は1950年代後半から1960年代前半にかけて成立し，1970年代には組織論の重要分野として確立した。

　組織間関係の代表的なとらえ方としては，次のようなものがある。

(a)　資源依存パースペクティブ（resource dependence perspective；RDP）

(b)　取引コスト・パースペクティブ（transaction cost perspective；TCP）

(c)　焦点組織（focal organization）にインプットを提供する組織とアウトプットを購入する組織の組織セットで考える組織セット・パースペクティブ（organizational set perspective）

(d)　組織の集合体の協同・共生・協力に注目する協同戦略パースペクティブ（collective strategy perspective）

(e)　組織は制度化された環境に埋め込まれていると考える制度化パースペクティブ（institutional perspective）

　このうち，代表的な（a）資源依存パースペクティブの論者である**フェッファー**（J. Pfeffer）と**サランシック**（G. R. Salancik）は，『組織の外的コントロール』（1978年）で，資源依存理論（resource dependence theory）を展開した。それによれば，経営資源の依存関係と企業間のパワー関係は表裏一体の関係にある。つまり，相手組織への依存が大きいほど，自律性（autonomy）が低下し，相手組織のパワーが強くなる。そして，他組織に対する依存度は次の3要因に大きく影響を受ける。

A）資源の重要性……その資源交換がインプットあるいはアウトプット全体の中で占める割合である資源交換の相対的規模と資源の必須性の2つの

要素がある。

B）資源の配分と使用に関する自由裁量権（discretion）。

C）資源のコントロールの集中度……利用可能な取引相手の数と資源の集中度で決まる。

　そこで，依存関係のマネジメントとして，次のような方法が考えられる。

(1) 自律化戦略（依存関係の変更）……相互依存性の原因となる資源を内部化する。具体的には，供給源を合併・買収（merger and acquisition；M & A）して吸収することで垂直統合（vertical integration）することが多い。または，代替的供給源を探したり，多角化したりして相対的な依存度を下げる。

(2) 協調戦略（当事者による相互依存関係の調整）……外部役員の受け入れ，役員の兼任，合弁，カルテル，業界団体，協定，あるいは日本のメインバンク制（系列融資）などのように協調関係を構築する。

(3) 政治戦略（法や第三者機関の利用による相互依存関係の調整）……第三者機関の介入を通して間接的に依存関係を操作しようとする。具体的には，法律違反で相手を告発したり，裁判に訴えたり，議員や政府関係者，関係機関に対してロビー活動（lobbying）を行ったりして，介入を働きかける。

　フェッファーとサランシックの環境からの影響力モデルでは，①環境（制約，コンティンジェンシー，資源，不確実性）→②組織内のパワー配分→③経営者の選抜と交代→④組織行動と組織構造→①環境→……と循環しながら，環境における資源交換を巡る他組織との依存関係が，組織内パワー構造にも影響を与えるとされている。

　ただし，サランシックの死後，2003 年に再版がなったとき，フェッファーは，こうした資源依存理論のアイデアはよく引用されてきたが，それはメタファーとしてで，検証した研究もあまりなく，資源依存理論のアイデアは，厳密な検証もなしに広く受け入れられたと述懐している。

【参考文献】　山田・佐藤（2014）『マクロ組織論』第 9 章。高松・具（2019）『経営管理第 2 版』第 10 章。

● I-32　取引コスト理論　　■ ■ ■

　取引コスト理論は，経済学者コース（R. H. Coase）が1937年に発表した論文に，経済学者ウィリアムソン（O. E. Williamson）が再び光を当てて概念の精緻化や理論の体系化に精力的に取り組んで生まれた。ウィリアムソンの『市場と階層』（1975年）では，市場取引（market transactions）と階層的取引（hierarchical transactions）を対照して，make or buy の問題（内外製区分の決定）を考察するが，その際，「取引完遂に伴うコスト」である取引コスト（transaction cost）を比較することに焦点があてられる。つまり，同じ取引を（a）市場で市場取引として行った場合にかかる取引コストと，（b）組織内で階層的取引を行った場合にかかる取引コストを比較して，（a）の方が安ければ市場取引をする（部品であれば市場で調達する＝買う）し，（b）の方が安ければ組織内で階層的取引をする（部品を社内で内製化する＝作る）のだと考えるのである。

　たとえば，完成品メーカーが部品をアウトソーシング（outsourcing；外部委託）して，部品メーカーに部品を外注する際（市場取引），その部品の原価は計算が複雑な上に資材価格に不確実性があり，完成品メーカー側で部品の原価を調べるには限界がある。しかも，その部品を作っている会社は少ない上に，部品メーカー側はできるだけ高値で売ろうとしている。つまり取引コストが高い。だったら，市場取引ではなく，その部品メーカーを買収して階層的取引にした方が，取引コストは安くなる。

　このように，不確実性・複雑性と取引相手の少数性といった環境要因が，それぞれ取引当事者の限定された合理性（bounded rationality）と機会主義（opportunism）という人間的要因と結びつくことで，取引コストが増え，また不確実性・複雑性と機会主義が情報の偏在・情報の非対称性（asymmetric information）を生んで少数性を促す。これは市場の失敗の枠組みと呼ぶべきだが，なぜか，組織の失敗の枠組みと呼ばれる。

ただし，そもそも取引コストを取引と独立に測定できていないので，こうした議論は限りなくトートロジーに近い。実務の世界では，こうした場合，品質・コスト・納期（quality, cost, delivery；QCD），さらには景気変動などに対するフレキシビリティ（柔軟性）等々さまざまな要因を考慮して，内製するか，外注するかを決めていく。

　ウィリアムソンは，後の研究で，各取引を特徴づける3次元（dimension）として，不確実性，取引頻度と並んで，資産特殊性（asset specificity）を挙げた。これは，

A）立地特殊的資産……たとえば，相手の組立工場に隣接して建設した部品工場。

B）物的特殊資産……たとえば，特定製品の製造に必要な金型。

C）専用資産……特定の買い手のために設置した設備や施設。

D）人的特殊資産……企業特殊的な技能，ノウハウ。

のような取引特殊的資産（transaction specific asset）は，他の取引では，その価値が非常に低下するということを指す。

　いったん取引特殊的資産が形成されると，それはもう事業を撤退・縮小しても戻って来ない埋没費用（sunk cost）となってしまうので，これが人質（hostage）となり，それ以降，その相手との取引にロックイン（lock-in）されてしまう。こうして，容易に変更できなくなるために不利な状況に置かれるホールドアップ（holdup；お手上げ）問題に直面することになる。このように取引相手が多数から少数に変化することをウィリアムソンは根本的な変容（fundamental transformation）と呼んでいる。

　また，ラングロワ（R. Langlois）とロバートソン（P. Robertson）は，外部の他社，特に外部の部品メーカーを説得，交渉，調整，教示するのに要するコストを動学的取引コスト（dynamic transaction cost）と呼んでいる。

【参考文献】　山田・佐藤（2014）『マクロ組織論』第11章。高橋（2020）『経営学入門第2版』第13章・第14章。宮崎（2011）『事業戦略』第11章。

● I-33　クラスター

　企業の地理的な産業集積は昔から経済地理学や地域経済学などで議論されてきた。たとえば**マーシャル**（A. Marshall）は，産業集積が生じる要因として，気候，鉱山等への近接性，陸上・水上交通の利便性といった自然条件に加え，為政者の庇護や計画的街づくりを要因に挙げた。マーシャルは，生産規模の増大から生ずる経済を，個々の企業が規模を拡大することから生じる内部経済と産業全体の規模の拡大によって生じる外部経済（external economies）に分け，産業集積に見られる外部経済を次の3要因に整理した。

（a）必要な工具・機械を作るような補助産業の成長

（b）熟練労働市場の形成

（c）新技術の導入とスピルオーバー（spill over；波及効果）

　実際，地理的近接性は重要で，18世紀の産業革命は，英国北西部のランカシャー地方に集中して木綿産業で興った。

　伝統的な産業集積論では，産業集積のメリットとして天然資源，労働力などの生産要素の比較優位や輸送コスト，通信コストなどの費用削減効果に焦点が当てられていたが，情報通信・輸送網が発達しても，立地（location）は重要である。経営戦略論やイノベーション論などでも**ポーター**（M. E. Porter）がクラスター（cluster）と呼んで，その立地優位性の源泉として，次の4つを挙げ，この4要素からなるシステムをダイヤモンドと呼んでいる。

（A）労働力等の要素条件

（B）企業戦略および競争環境

（C）需要要件

（D）関連・支援産業

　クラスター論では，埋め込み型の知識（embedded knowledge）やそれをもとに生み出されるイノベーションが注目される。

　現代のイタリアや日本の繊維・アパレルの産地で見られる産業集積では，

中小企業間の柔軟な専門化（flexible specialization）が見られ，イタリアでは
インパナトーレやコンバータと呼ばれる調整役を果たす企業がいる。それと
は対照的に，20世紀初頭に成立した米国のビッグ・ビジネスでは，サプラ
イヤー等との取引の不確実性を減らすために垂直的統合を行った。米国東海
岸マサチューセッツ州のルート128（ボストンを一周する環状ハイウェイ）地
域は，ハイテク分野の垂直統合型大企業の産業集積だったが，1960〜80年
代が最盛期だった。他方，同じハイテク分野の産業集積でも米国西海岸カリ
フォルニア州のシリコン・バレーは，企業だけでなく，技術者，大学，ベン
チャー・キャピタルやエンジェルなどを巻き込んだオープンで流動性の高い
地域ネットワークを特徴としたクラスターで，多くのスタートアップ（start-
up；創業して間もない企業）が生まれ，**HP，インテル，アップル，オラクル，
グーグル，ヤフー**等の世界的な企業が数多く育っている。その背景には，コ
ンピュータ製品のモジュール化，オープン化で機能分化と垂直分化が進み，
特定分野に集中特化したスタートアップでも存立できたことがある。

　シリコン・バレーの企業の来歴をたどると，トランジスタを発明した**ショ
ックレー**（W. B. Shockley）が所長を務めたショックレー半導体研究所（1955
年設立）に遡り，ここが始点になったスピンオフの連鎖によってシリコン・
バレーが形成された。そこを飛び出した「8人の裏切り者」が1957年に設
立した**フェアチャイルド**は1960年代の半導体業界を牽引するが，ここから
インテルをはじめとした100以上の企業がスピンオフ（spinoff）した。彼ら
の「フェアチルドレン」としての集合的アイデンティティと心理的近似性，
そしてコミュニティ内で発生する信頼，規範，ネットワークといったソーシ
ャル・キャピタル（social capital），フェイス・トゥ・フェイスのコミュニケ
ーションがシリコン・バレー内での技術や経営ノウハウといった暗黙知的情
報の伝播・共有と組織間学習を促した。次々と起業を経験したシリアル・ア
ントレプレナー（serial entrepreneur）が多数存在したことも大きい。

【参考文献】 山田・佐藤（2014）『マクロ組織論』第4章。

II

戦略・マーケティング

　そもそも経営資源には限りがあり，「あちらを立てればこちらが立たず」
というトレードオフ（trade-off）の関係にあるので，優先順位付けをした上で，
経営資源の配分（allocation），資源展開の推進をする必要がある。そこで，
戦後になって，元々軍事用語だった戦略（strategy）が企業経営の世界に入
ってきて，経営戦略と呼ばれるようになった。

　ただし，戦略は色々な側面をもった概念である。ミンツバーグ（H. Mintzberg）
は，戦略概念の多様な側面を次の 5P で示した。

A）計画（plan）……目標を達成するために意図された行為のコースや行動
　　指針。

B）策略（ploy）……対抗者やライバルを出し抜くための特別な計略。

C）パターン（pattern）……時を超えて一貫した行動の流れ。

D）位置（position）……特定の市場における特定の製品の位置づけ。

E）展望（perspective）……企業理念，事業の定義。

　この 5 側面を踏まえて戦略を定義すれば，一貫的かつ計画性のある意思決
定の指針および行動パターンということになろうか。

　そして，今や経営戦略論は百家争鳴の状態にある。20 世紀末，ミンツバ
ーグは，戦略プロセス・戦略形成という観点で次の 10 学派があるとした。

①　素描学派（design school）……構想プロセスとしての戦略形成

②　計画学派（planning school）……形式的策定プロセスとしての戦略形成

③　ポジショニング学派（positioning school）……分析プロセスとしての戦
　　略形成

④　起業家学派（entrepreneurial school）……夢見るプロセスとしての戦略形
　　成

⑤　認知学派（cognitive school）……認知プロセスとしての戦略形成

⑥　学習学派（learning school）……創発的プロセスとしての戦略形成

⑦　パワー学派（power school）……交渉プロセスとしての戦略形成

⑧　文化学派（cultural school）……共同体的プロセスとしての戦略形成

⑨　環境学派（environmental school）……反応プロセスとしての戦略形成

⑩　形態学派（configuration school）……変革プロセスとしての戦略形成

　このうち，②計画学派は A）計画，③ポジショニング学派は D）位置，④起業家学派は E）展望，⑥学習学派は C）パターン，⑦パワー学派は B）策略，といった具合に，学派によって特定の定義が重視されている。

　また，組織の階層に対応して，経営戦略にも次のような戦略の階層性があると考えられている。

(1)　企業戦略・全社戦略（corporate strategy）……自らの存在理由（レゾンデートル）を認識して，ミッションや活動領域ドメインを決定する。

(2)　事業戦略（business strategy）……事業ごとの他社に対する競争戦略（competitive strategy）。

(3)　機能別戦略（functional strategy）……生産，研究開発，マーケティングといった機能ごとに全社横断的に策定される戦略。

　一般的には，ミッション（mission：使命）→目標（objectives）→戦略→戦術（tactics）または施策（policies）といった戦略策定プロセスが想定されている。しかし，ミンツバーグ自身は，戦略の実行プロセスも考え，戦略的学習（strategic learning）で取り入れるプロセス型戦略論を唱えている。

　実際，ミンツバーグがいうように，実現された戦略（realized strategy）は，最初の意図された戦略（intended strategy）とは異なるものである。計画通りに実現できたのは，意図された戦略のごく一部にすぎず，そうした当初から計画されていた計画的戦略（deliberate strategy）だけでなく，途中でやりながら考えついた創発的戦略（emergent strategy）も実現された戦略に取り込まれているはずである。

【参考文献】宮崎（2011）『事業戦略』第 1 章。高松・具（2019）『経営管理 第 2 版』第 8 章。高橋（2020）『経営学入門 第 2 版』第 5 章。

　1960 年代，米国は多角化（diversification）の時代を迎えた。経営戦略は，企業の多角化の進展とともに登場し，当初は分析型戦略論，その後，競争優位（competitive advantage）を考えた競争戦略論が生まれ，戦略の実行プロセスを重視するプロセス型戦略論も形成された。

　戦略的経営の父と呼ばれる**アンゾフ**（H. I. Ansoff）は，企業全体を方向づける戦略的意思決定のフローを提示した。大まかには，まず，(i) 多角化はコストとリスクを伴うので，企業が多角化せずに，現在の製品・市場で諸問題を解決できるかどうかを評価する内部評価（internal appraisal）を行い，次いで，(ii) 現在の製品・市場の範囲内にとどまらず，それ以外の各種の機会を調査し，産業を企業目標に基づき順位づけしたリストとシナジー効果（synergy effect；相乗効果）に基づき順位づけしたリストを作る外部評価（external appraisal）が行われ，(iii) シナジーと構造のどちらを優先するかを決めてから，最終的な選択に至る。つまり企業の成長ベクトル（growth vector）を決めることになる。

　可能な成長ベクトルは，市場の新旧と製品の新旧の組み合わせによって次の 4 つが考えられた。

(a)　市場浸透（market penetration）……現市場で既存製品の市場シェアを拡大する。

(b)　市場開拓（market development）……既存製品で新市場に参入する。

(c)　製品開発（product development）……現市場に新製品を投入する。

(d)　多角化（diversification）……新製品で新市場に参入する。

　ただし，(d) 多角化とはいっても中身は様々である。アンゾフ自身はさらに，

(i)　水平的多角化（horizontal diversification）

(ii)　垂直的統合（vertical integration）

(iii)　同心的多角化（concentric diversification）

（ⅳ）コングロマリット的多角化（conglomerate diversification）

に分類している。

　ルメルト（R. P. Rumelt）は

① 専門比率（Specialization Ratio；SR）＝最大の売上規模をもつ単位事業が，企業売上高に占める構成比

② 垂直比率（Vertical Ratio；VR）＝垂直的統合という関連をもった単位事業のグループ全体が，企業売上高に占める構成比

③ 関連比率（Related Ratio；RR）＝技術や市場で何らかの形で関連している単位事業のグループのうち，最大の売上規模を持つ関連単位事業グループが企業売上高に占める構成比

の 3 指標を使って，

（S）専業（Single）……専門比率 SR が 0.95 以上

（D）本業中心（Dominant）……専門比率 SR が 0.7 以上 0.95 未満

（V）垂直的統合（Vertical）……専門比率 SR が 0.7 未満でかつ垂直比率 VR が 0.7 以上

（R）関連多角化（Related）……専門比率 SR が 0.7 未満でかつ関連比率 RR が 0.7 以上

（U）非関連多角化（Unrelated）……専門比率 SR が 0.7 未満でかつ関連比率 RR が 0.7 未満

に分類している。関連多角化はさらに連鎖型（linked）と全事業が相互に直接関連する抑制型（constrained）に分けられる。一般的に，非関連多角化に比べ，関連多角化は規模の経済（economy of scale）や範囲の経済（economy of scope）を享受できて望ましいとされる。逆に，非関連多角化，特にコングロマリットの場合には，業績が低めで，こうしたことから時価総額が低めになることをコングロマリット・ディスカウントと呼ぶ。

【参考文献】高松・具（2019）『経営管理 第 2 版』第 8 章。山本（2012）『マーケティング』第 5 章。粕谷（2019）『経営史』序章。

● II-3 製品ライフサイクル ■ ■ ■

　技術の成熟化と市場の成熟化により，製品にも一生があるとされる。製品が市場に導入されると，成長し，成熟し，やがて衰退する。それを製品ライフサイクル（product lifecycle）と呼んでいる。製品ライフサイクルのどの段階にいるのかによって，戦略も変わってくる。

① 新製品を市場に投入する導入期……消費者にその新製品の存在を知らしめ，ベネフィット（便益）や使用方法を知ってもらうための広告・宣伝だけではなく，流通業者に取り扱ってもらえるようにして，新製品の市場を開拓する必要がある。様々な使用可能性を試し，まだ定まらない消費者ニーズに対応するための研究開発も欠かせない。投資を早期回収するために，価格を高めに設定する上澄み価格戦略をとることも，市場拡大を目指して低価格に設定する成長志向価格戦略（浸透価格戦略）をとることもある。

② 製品の市場規模が急拡大する成長期……この時期は競合他社も続々と参入してくる。競争で価格が（経験曲線効果で製造コストも）低下していき，ますます製品需要が増す。市場シェアを維持・拡大するには広告・宣伝も欠かせない。成長志向価格戦略をとることもあるが，利益志向価格戦略をとることも可能になる。

③ 成長が鈍化し，製品の市場規模がピークを迎える成熟期……市場は飽和し，買い替え需要が主となる。限られた市場の奪い合いで，脱落・撤退する企業も出てきて，残った企業の寡占状態となると，戦略的なポジショニング（位置取り）で競争を回避する動きも出てくる。

④ 製品の市場規模が縮小を始める衰退期……価格・性能・品質面で消費者ニーズにもっと合致した代替製品が登場すると，製品の市場規模が縮小を始める。流行の変化や政府の規制の変化なども衰退のきっかけになる。自社に強みがあれば，リーダーシップ戦略（leadership strategy）で攻めるか，ニッチ戦略（niche strategy）で生き残りを図る。強みがなければ，

即座の売却・撤退戦略（quick divestment strategy）で手を引くか，徐々に縮小化する刈り取り戦略（harvest strategy）をとることになる。

　製品ライフサイクルはＳ字型曲線と結び付けて説明されることが多い。上記①〜③のストーリー展開が正しければ，グラフの横軸に時間をとり，縦軸に製品の売上高をとってプロットすると，①導入期→②成長期→③成熟期とＳ字型の曲線を描くはずである。ただし売上高だと，④衰退期には売上高は落ちてくるので，曲線が最後に下がってしまってＳ字型にならない。④衰退期まで入れてＳ字にしたければ，縦軸を累積売上高にすれば，市場が飽和してＳ字型曲線になるはずである。

　もっとも，すべての製品がそうなるのかについては，よく考えてみる必要がある。たとえば，昔からある鉄鋼製品，石油製品，繊維製品のように，製品の定義によっては，人類が滅亡するまでは，そもそも市場飽和もしなければ，衰退期も来そうもないものもある。そうなると，製品ライフサイクルやＳ字型曲線は妥当しなくなる。

　実は，経営学では，Ｓ字型曲線はいろいろなところにモデルとして出てくる。なので，なんとなく見慣れて，信じている人も多いのだが，よく考えてみると，それぞれのモデルで，Ｓ字型になると主張されている根拠は異なっているし，実際にデータを集めて描いてみるとＳ字型にならないものも多い。このある種の都市伝説のようなＳ字型曲線を盲信することで，成長や生き残りの芽が摘まれてしまうとすれば，実害があるといえる。

　実際，市場の成熟化に対抗して，既存顧客への使用促進・使用拡張，新規の顧客開拓・市場創造で再成長を図った例も多い。STP 的な垂直思考のマーケティングで深堀りした際に切り捨てられたニーズ，顧客，状況・用途，機会に光を当てて新たなライフサイクルを探求するラテラル・マーケティング（lateral marketing；側面マーケティング）の考え方もある。

【参考文献】宮崎（2011）『事業戦略』第7章。近能・高井（2010）『イノベーション・マネジメント』第3章。山本（2012）『マーケティング』第5章。

事業のパフォーマンスを評価するには各種指標がある。

a)　成長性の指標……売上高成長率，総資産成長率

b)　収益性の指標……売上高営業利益率，売上高経常利益率

c)　資本の効率性の指標……投資収益率（return on investment；ROI），株主資本利益率（return on equity；ROE）

d)　生産性の指標……資本生産性，労働生産性，物的労働生産性，付加価値労働生産性

　しかし，こうした指標を使った「全事業，売上高対前年比15％増」（売上高成長率15％のこと）のような一律の目標・達成度・評価では，各事業の市場の特性や市場でのポジションは全く考慮されないことになる。これでは多角化の進んだ企業では管理に使えない。

　こうして1970年代になると，多角化した事業をどのように管理するかが関心事となった。そのための手法の一つが1960年代にゼネラル・エレクトリック（GE）とボストン・コンサルティング・グループ（BCG）が共同で開発したPPM（product portfolio management；製品ポートフォリオ経営）である。PPMでは（a）自社の市場シェアが最大の競争相手の何倍あるかを示した相対市場シェアを横軸に，（b）市場成長率を縦軸にとり，それぞれの高低で2×2のマトリックスを作る。すると，

(1)　市場成長率が高ければ資金流出（資金需要）が大きい（製品ライフサイクルから）。

(2)　相対市場シェアが大きければ資金流入（利益＋α）が大きい（経験曲線効果）。

という関係があることから，マトリックスの4つのセルは次のように特徴づけられる。

A)　金のなる木（cash cow）……高相対市場シェア（資金流入大）・低市場成長率（資金流出小）で，企業にとっては重要な資金源。

B）花形（star）……高相対市場シェア（資金流入大）・高市場成長率（資金流出大）で，市場成長率が鈍化してきたときに，市場シェアを維持していると，金のなる木に移行する。

C）負け犬（dog）……低相対市場シェア（資金流入小）・低市場成長率（資金流出小）で，好条件以外では，金を食うばかり。

D）問題児（question mark あるいは problem child）……低相対市場シェア（資金流入小）・高市場成長率（資金流出大）で，現状では，大幅な資金出超の可能性が大きいが，積極的投資により，市場シェアを拡大させることもできる。

このマトリックス上に，各事業単位のポジショニングを行う。そして，現在の「金のなる木」から資金を収穫し，「花形」のシェア維持や「問題児」のシェア拡大に資金を集中する。「負け犬」や「問題児」も撤退し，当該事業部門を売却して資金を回収すれば，一時的な資金源になる。PPM は，このように選択と集中の枠組みを提供する。

GE が PPM を実施した際には，戦略立案上の計画・実績掌握の評価単位として戦略的事業単位（strategic business unit：SBU）を設置した。SBU は，財務を除いて，研究開発，設備，生産，マーケティング，人事等の諸計画・組織を包含してグループ化したもので，特定の階層レベルに対応したものではなく，事業本部レベル，事業部レベル，部門レベルの SBU が混在していた。

市場シェアと利益の関係については，1960 年代，GE で始まった PIMS（profit impact of market strategies）プロジェクトが，1970 年代になると，ハーバード大学などに引き継がれ，北米と欧州の 450 社以上の企業における約 3,000 の SBU から財務情報の提供を受けて，企業の市場戦略が利益に及ぼす影響を解明するためのデータベースを構築した。その分析の結果，市場シェアの順位が高いほど，投資収益率が高いと結論付けられている。

【参考文献】高松・具（2019）『経営管理 第 2 版』第 7 章・第 8 章。宮崎（2011）『事業戦略』第 3 章。山本（2012）『マーケティング』第 5 章。

II

戦略・マーケティング

　戦略論登場以前の 1960 年代の経営政策論に起源をもち，1970 年代くらいからあったのが SWOT 分析　（SWOT analysis）である。自社の強み（strength）と弱み（weakness）を，自社を取り巻く外部環境に潜む機会（opportunity）と脅威（threat）を考慮した上で評価するもので，企業の業績の優劣を事後的に説明するには便利である。だが，そこからは将来の具体的な指針は出てこない。

　元々産業組織論の研究者だった**ポーター**（M. E. Porter）は，産業構造に基づいて企業が行動し，それによって当該産業の収益性が決まるという SCP パラダイム（structure-conduct-performance；産業構造・企業行動・成果）をベースに，企業が独占的利益を手に入れるために，産業構造を利用すべきだと，（産業組織論とは逆の発想で）競争戦略論を提唱した。経済学では収益性の源泉は市場であり，市場で独占・寡占が進むと，独占企業は生産量を減らして品薄状態を作り出し，意図的に価格を吊り上げることで利益を上げることができる。この独占・寡占を脅かす新たな敵対関係を

(a)　業界内の競合他社

(b)　潜在的新規参入者

(c)　代替品

(d)　売り手の交渉力

(e)　買い手の交渉力

の 5 つの力で表現するのがファイブ・フォース・モデル（five forces model）である。このモデルでは，これら 5 つの要因で決まる最も魅力度の高い業界に自社のポジションを置くというのが基本的な考え方である。

　また，ポーターの競争戦略には次の 3 つの基本戦略がある。

A）コスト・リーダーシップ戦略……戦略ターゲットが業界全体のときに，コスト面で最優位に立つことを目標とする戦略。そのために，生産効率

の良い設備を積極的に建設し，製造しやすい設計（design for manufacturing）にして，量産することで経験曲線（experience curve）効果でコストを下げるという戦略である。さらに，零細な顧客との取引は切り捨て，研究開発・サービス・販売・広告などのコストを最小限に切り詰めることまで奨められる。

B) 差別化戦略……戦略ターゲットが業界全体のときに，業界の中でも特異だと顧客から見られる価格以上の価値を提供することで，コスト競争や代替品登場から逃れる戦略。

C) 集中戦略……戦略ターゲットが特定セグメントだけであれば，特定の品種・買い手・地域に絞り込んで，資源を集中する戦略。

　戦略ターゲットが業界全体のとき，コスト・リーダーシップ戦略をとるか，差別化戦略をとるかで迷うことになるが，そもそも基本戦略は，どれか一つを選んで成功させないと利益は上がらないとされている。両方を同時に追求すると中途半端になり，「二兎を追う者は一兎をも得ず」で失敗に終わるとされ，これをスタック・イン・ザ・ミドルと呼んでいた。ただし，日本の自動車メーカーなどは，両者のバランスをとって成功しており，最近では，2つの戦略は両立するのではないかともいわれている。

　また，コスト・リーダーシップ戦略は，実際には模倣戦略・同質化戦略と表裏一体であることも多い。先発企業が苦労して開拓し，規格・仕様も統一され，インフラも整備された市場に，後発企業はただ乗りできるので，こうした後発優位を生かし，同質化で競争の軸を価格のみに収斂させ，コスト・リーダーシップ戦略で低コスト・低価格を武器に先発企業を出し抜くのである。つまり，たとえ先発優位があったとしても，既存の競争の激しい市場レッド・オーシャンより，まだ開拓されていない市場ブルー・オーシャンを目指す方がいいと言えるほどには世の中甘くもないし，単純でもない。

【参考文献】高松・具（2019）『経営管理 第2版』第8章。宮崎（2011）『事業戦略』第1章・第14章。山本（2012）『マーケティング』第4章。高橋（2020）『経営学入門 第2版』第14章。

　ポーター（M. E. Porter）によれば，どんな業界の企業でも，その活動は次の（a）（b）のように分けられるという。

(a)　上段に支援活動として調達，技術開発，人事・労務活動，全般活動の活動を下から層にして積み重ね，

(b)　下段に主活動として購買物流，製造，出荷物流，販売・マーケティング，サービスの活動を左から右に並べる。

のように上段・下段に並べ，さらに全体の右端にマージンを加えた図でバリュー・チェーン（value chain；価値連鎖）を示した。つまりポーターは，個別事業単位の活動で主活動と支援活動に分け，さらに主活動を川上からたとえば　製品企画開発》部品調達》機器の製造》販売や顧客への納入》アフターサービス　というように川下に向けて左から右に流れを描いて活動に分解してみせたのである。

　バリュー・チェーンの応用例にはスマイル・カーブ（smile curve）がある。これは，横軸にバリュー・チェーンをとり，縦軸に付加価値額をとると，バリュー・チェーンの両端にある製品企画開発/アフターサービスよりも，中央の製造の方が収益性が低く，笑った口の形（U字型）の曲線になるというもので，台湾の**エイサー**の創業者・**施振栄**（スタン・シー）が考案した。実際，エイサーは収益性の高い川上部門と川下部門に特化し，収益性の低い組立製造をアウトソーシング（この場合は製造委託）するという戦略で成長を遂げた。

　それとは対照的に，台湾の**フォックスコン**（Foxconn Electronics；**鴻海精密工業**）のような，自社ブランドをもたず，複数の企業から同種の電子機器などの生産を一括して受託する EMS（Electric Manufacturing Service）企業は，互いに競合関係にある日米欧の大手企業の PC，スマートフォンなどの電子機器の生産を請け負っている。これはこうすることで，大手企業間の勝敗に左右されることなく EMS 事業を安定的に運営できるメリットがあるからで

ある。

　ここまで来ると，国際分業の話になってくるわけだが，実際，バリュー・チェーンを国際経営に応用して，各活動をどこの国で行うかの配置（configuration）を図示することができる。その上で，各国で行われる同種類の活動の調整（coordination）を行う。配置の決定に際しては，(i) 各国の労働コストや電気代のような要素コスト，(ii) 各国の教育レベルや科学技術力，(iii) 法律や税金といった各国の制度，(iv) 規模の経済が働くかどうかのような産業特性といった要素が影響する。さらにポーターは，活動の配置が集中型か分散型か，活動の調整レベルが高いか低いかで国際戦略を分類するフレームワークを提示した。

　しかし，こうした国際分業が進行すると，かつて叫ばれたように，国内工場で生産していた分を海外生産に切り替える産業空洞化が進むことになる。ただし，近年になると，国際的な配置・調整に関して次のような新たな動きも見られる。

(1)　バック・ショアリング（back shoring）……海外に出した生産を本国に戻す本国回帰
(2)　リショアリング（reshoring）……海外に出した生産を別の国に移す

　こうした背景には，途上国などでの賃金上昇もあるが，実は，バック・ショアリングの背景には，イノベーションを維持していくためには，研究開発やエンジニアリングだけでなく，製造能力も加えたインダストリアル・コモンズ（industrial commons：産業の共有資源）が必要で，生産拠点がなければ次のイノベーションは生まれない可能性があるからである。つまり，活動ごとに配置するというアイデア自体が安易すぎるかもしれない。また天災なども含めた様々な変動に合わせて，柔軟に各国拠点の生産量を増減して調整するグローバル・スウィング（global swing）も言われるようになってきたが，そうなると製造は分散型が前提になる。

【参考文献】大木（2017）『国際経営』第7章・第12章。宮崎（2011）『事業戦略』第11章。

II

戦略・マーケティング

● II-7　資源ベース理論（RBV）　■ ■ ■

　自社の強み・弱みを考える際，企業を活動の塊と見るか，資源の塊と見るかで見え方が違ってくる。**ポーター**（M. E. Porter）のバリュー・チェーンは前者で，個別事業単位の活動を主活動と支援活動に分け，さらに主活動を川上から川下に活動の流れで示した。それに対し，企業を資源の塊として見る戦略論もある。資源ベース理論（resource based view；RBV）は，レントの源泉を企業自身に求め，希少価値のある資源の保有から生じると考えた。

　ここでレント（rent）とは，簡単に言ってしまえば標準以上の利益率のことだが，ポーターの競争戦略論では，独占のレント（monopolistic rent）のように，レントの源泉を市場に求めていた。それに対し，RBV が考えるような希少価値のある資源の保有から生じるレントはリカードのレント（Ricardian rent）と呼ばれる。

　ただし，資源ベースとはいっても，資源市場マトリックス（resource-product matrix）を用いて資源ベースで新市場・製品を考えられるほど単純な話ではない。RBV では，たとえば，①異質性（heterogeneity）と，それを持続させるのに必要な隔離メカニズム：②競争の事前制限，③競争の事後制限（模倣不可能性），④不完全な移動性（取引不可能性）の競争優位の隅石（cornerstone）からレントが生じると考える。

　そこで，**バーニー**（Jay B. Barney）は，資源が競争優位をもたらすかどうかに関する次の問いに答えることで，RBV で強み・弱みを分析する VRIO（ヴリオ）フレームワークを提唱した。

(1) 経済価値（value）……他社より顧客ニーズの充足度が高く，競争優位に貢献できる資源か？
(2) 希少性（rarity）……どのくらい多くの競合相手が当該資源を保有できるか？
(3) 模倣可能性（imitability）……競合相手に簡単に模倣されてしまう資源か

どうか？　代替可能性（substitutability）もないかどうか？

(4)　組織（organization）……資源を有効に戦略遂行に結び付ける組織体制になっているか？

　経営学では，従来からヒト・モノ・カネの3つが経営資源（managerial resources）だといわれ，四つ目に情報を加えることもある。企業が蓄積する価値のある戦略的資源を類型化すると，(i) 最新鋭設備や立地のような物理的資産，(ii) キャッシュフローや少ない負債のような財務資産，(iii) 優れた経営者や経験豊富な管理職のような人的資源，(iv) ノウハウや改善能力のような組織的資産，(v) 取引先やロイヤル顧客のような市場資源とかなり幅広い。しかも，どれも資産の腐食（asset erosion）を防ぐためにメンテナンスする必要がある。

　また，VRIO の (3) の模倣可能性についていえば，時間圧縮の不経済（time compression diseconomies）が働いて短期間で追いつけない場合や，資産規模効率性（asset mass efficiencies），資産ストック間相互連関性（interconnectedness of asset stocks），社会的複雑性（social complexity），因果関係曖昧性（causal ambiguity）がある場合は模倣しにくいとされる。

　プラハラッド（C. K. Prahalad）とハメル（G. Hamel）は，1980 年代の世界市場での日本企業の台頭を説明するために，継続的な競争優位の維持は，製品そのものではなく，その背後にあるコア・コンピタンス（core competence；中核能力）にかかっているとしたが，日本企業の競争優位の説明はRBV と親和性が高いのかもしれない。**伊丹敬之**は，ブランド，技術力，ノウハウ，サービス供給力などの見えざる資産が企業の競争力を左右すると考え，**野中郁次郎**らはナレッジ・マネジメント（knowledge management）を唱え，記号化・文書化された形式知（explicit knowledge）だけではなく，暗黙知（tacit knowledge）の重要性を説いている。

【参考文献】高松・具（2019）『経営管理 第2版』第2章・第8章。宮崎（2011）『事業戦略』第11章・第13章。高橋（2020）『経営学入門 第2版』第16章。

● II-8 多国籍企業 ■ ■ ■

　多国籍企業（multinational corporation または multinational enterprise）の数と規模が急速に拡大したのは，1880年代から1929年の世界恐慌までの時期で，第一次グローバル経済と呼ばれている。1914年には，世界の海外直接投資残高の45％が英国からのものだったが，当時の英国企業は，国内で事業を行わず，海外だけで事業をするフリースタンディング企業（free-standing company）が多かった。英国内で起業して資金を調達し，植民地で鉱山などの資源開発をしていたのである。それに対し，ともに第2位の14％を占めた米国とドイツでは，企業が海外工場をもつようになっていた。しかし，1929年の世界恐慌から，自国産業保護と政治的なナショナリズムのために，グローバリゼーションの流れが大きく後退し，第二次世界大戦終結直後までの期間は分断の時代となった。

　1945年に第二次世界大戦が終わると，戦争で荒廃し植民地を失った欧州に代わり，米国が主導するパックス・アメリカーナ（Pax Americana；アメリカによる平和）が出現した。1945年から1969年代中頃まで，世界の新規海外直接投資の80％を米国が占めたが，この時期の米国企業の海外展開を説明したのが，後述するプロダクト・サイクル仮説である。

　日本企業は，戦後，為替レートが1ドル＝360円に固定されていたために，「安かろう悪かろう」で始めた製品輸出が，徐々に品質が向上して輸出が拡大していき，1967年に締結された関税及び貿易に関する一般協定（General Agreement on Tariffs and Trade；GATT　ガット）で関税等の貿易障壁が一気に低下した。そんな中，1971年のニクソン・ショック（ニクソン米大統領がドルの金兌換を停止）によって1ドル＝308円と円高になり始めると，日本からの輸出品の価格がドル換算で高くなり，逆に日本からの海外投資は円換算で安く済むようになるので，日本企業も海外で現地生産する動きが活発化しだした。こうして，敗戦国である日本やドイツの企業が急成長し，米国に輸

出や直接投資をするようになる。

　1970 年代〜1980 年代は，日本企業が，輸出も含めて世界を席巻した時代で，1990 年代には世界の工業生産の 20％を日本が占めていた。その背景には日本的経営と日本型生産システムがあったが，日本製品の台頭は，特に米国との間で，1970 年代は鉄鋼とカラーテレビ，1980 年代は自動車と半導体で貿易摩擦を生じさせ，1985 年のプラザ合意でさらに円高が進んで，1986 年には 1 ドル＝150 円台に突入した。

　その間，欧州は，欧州全体のブロック化を目指していた。西欧では 1957 年にヨーロッパ経済共同体（European Economic Community；EEC）が設立され，域外との貿易障壁を維持しつつ，域内では貿易障壁を減らし，1993 年には世界の海外直接投資残高の 43％は西欧向けになった。さらに 1993 年には，EEC 等の共同体を全て束ねる欧州連合（European Union；EU）が設立された。1999 年には 11 カ国の参加で新通貨ユーロが導入され，域内の貿易障壁がより低くなり，日本の自動車・電機メーカーも域内で賃金の安い東欧に工場を多数建設した。

　このように 1980 年代までは，北米，西欧，日本の三極で世界の工業生産の 3/4 を占め，有力な多国籍企業もほとんどこの三極から誕生していた。しかし 21 世紀に入ると，BRICs（ブラジル，ロシア，インド，中国）に代表される新興国が台頭してくる。特に中国は急速に経済成長を遂げた。一方，韓国企業は国内市場の小ささから，**サムスンの地域専門家制度**のように，1990 年代から強い海外志向を持っていた。新興国企業による先進国企業の買収も増えている。また EU に限らず，多くの国同士が自由貿易協定（free trade agreement；FTA）を結んだり，関税同盟に入ったりする傾向が見られる中で，トランプ政権下の米国（2017 年〜2021 年）は保護主義の動きを見せたり，2020 年には英国が EU から離脱したりと，トレンドや方向性が見えなくなりつつある。

【参考文献】 大木（2017）『国際経営』第 2 章。山田・佐藤（2014）『マクロ組織論』第 5 章。

　企業の海外進出形態には次のようなものがあり，A）(a) → A）(b) → B）(a) → B）(b) → B）(c) と進んでいくほどに，自社からのヒト・モノ・カネの総合的な投入量が多くなっていく。

A）取　引

　(a)　輸出……海外進出の第一歩は輸出で，商社や現地代理店等を介した間接輸出（indirect exports）とそうしたものを介さない直接輸出（direct exports）がある。

　(b)　ライセンス契約……ライセンス契約とは，自社が持つ特許，商標，技術ノウハウ等へのアクセスを一定期間認める契約のことで，ライセンシング（licensing）ともいう。これにはフランチャイジング（franchising）の一部も含まれ，本部が海外パートナーと直接契約を結ぶ形態をストレート・フランチャイジング（straight franchising）と呼ぶ。ライセンシング以外にも，現地企業にアウトソーシングする業務委託契約（outsourcing contract）もある。

B）海外直接投資（foreign direct investment；FDI）……海外企業を長期にわたって経営することを目的とした投資。配当・利子を得る目的で株・社債を買う海外証券投資（海外間接投資）とは異なる。

　(a)　合弁（joint venture；JV ジョイント・ベンチャー）……多くは現地企業と共同で会社を設立する。

　(b)　買収（acquisition）……元々現地にあった海外拠点を買い取る。

　(c)　グリーンフィールド（greenfield）……現地で新たに法人を自前で設立する。ここで greenfield とは，まだ整地もしていない手つかずの草ぼうぼうの土地のこと（既に手がついているなら brownfield）。

　企業が海外に進出して「国際」になると，国間の次の 4 つの隔たり（distance）が影響してくる。

① 文化的隔たり（cultural distance）……言語，民族，宗教，慣行，嗜好などの違い。

② 制度的・政治的隔たり（administrative and political distance）……法律，外貨規制，税制，労使関係などの違い。植民地関係がない，共通の地域貿易ブロックがない，共通の通貨がない，政治的対立，国際社会への関与度の違い。

③ 地理的隔たり（geographic distance）……物理的な距離，時差，気候，衛生状態などの違い。

④ 経済的隔たり（economic distance）……購買力（国民一人当たりの所得），インフラの整備状況，教育や技術の水準，天然資源・人的資源・資金・情報の利用しやすさなどの違い。

これをゲマワット（P. Ghemawat）のCAGEフレームワークという。ただしCAGE（ケージ）は国の間だけでなく，同じ国の中でも程度の差こそあれ存在している。

では，なぜ企業は海外進出をしたいのか。ゴシャール（S. Ghoshal）のフレームワークでは，それを

Ⅰ. 縦軸に競合他社に勝つために国際化によって狙う戦略目標として，（i）効率，（ii）リスク管理，（iii）イノベーション・学習・適応

Ⅱ. 横軸に国際化によって得られる競争優位の源泉として，（i）国の違い，（ii）規模の経済，（iii）範囲の経済

と縦軸・横軸にとった3×3の表で整理している。それが示唆していることは，海外に出る企業は，自らが海外に出たときに何を目的とするのか，その際に何を手段とするのかを考えなければならないということである。さらにいえば，海外市場が大きいとか，現地に行けば要素コストが安いとかいう理由で安易に出ていくのではなく，競合に勝つという戦略的な視点をもつことが必要である。

【参考文献】大木（2017）『国際経営』第1章。山田・佐藤（2014）『マクロ組織論』第5章。

● II-10　海外直接投資論　■■■

　なぜ企業は，わざわざ海外企業を長期にわたって経営することを目的とした海外直接投資（foreign direct investment；FDI）を行うのだろうか。ハイマー（S. Hymer）によれば，海外進出企業は，進出先（ホスト国）の現地企業と比べて不利なはずだが，自社の優位性を現地で活用するために海外進出をする。しかし取引に際して市場の不完全性があるので，ライセンシング等の契約ではうまくいかないとき，海外直接投資が行われる。ただしハイマーは，1960年代，多国籍企業が優位性を海外でも活用して寡占的な地位を占めることをネガティブにとらえていた。

　その流れがポジティブに変わっていく。1970年代になると，ウィリアムソン（O. E. Williamson）の取引コスト理論を基にした内部化理論（internalization theory）が盛んになった。ウィリアムソンは市場取引にかかる取引コスト（transaction costs）と企業内取引にかかる取引コストを比べて，市場取引の方が取引コストが高いと，取引は企業に内部化されると唱えた。その際，市場取引の取引コストを高くする要因の一つが，機に乗じて相手を騙したり，ごまかしたりする機会主義的行動（opportunistic behavior）である。特に，その取引相手にしか使えないような取引特殊な投資（transaction-specific investments）を行った場合，その弱みに付け込んで無理難題をふっかけられても手向かいできなくなるホールドアップ問題（holdup problem）が生じて，市場取引の取引コストが高くなってしまう。そこで，特に多国籍企業の優位性の源泉である知識の取引については，直接投資を行って取引を内部化して知識移転すべきで，それが多国籍企業の長期存続の源泉になると同時に移転された知識はホスト国側にも恩恵をもたらすと，ラグマン（A. M. Rugman）はポジティブにとらえた。

　1970年代後半になると，ダニング（J. H. Dunning）は，折衷理論（eclectic theory）を唱えた。そして，①優位性，②内部化理論に，③当該ホスト国が

立地的に優位であることを加えて，多国籍企業が直接投資を行う条件を次の3つの優位性にまとめた。

① 所有優位性（ownership specific advantages）/O 優位性（O-advantages）

② 内部化優位性（internalization advantages）/I 優位性（I-advantages）

③ 立地優位性（location specific advatages）/L 優位性（L-advantages）

　この3条件が満たされるとき，当該国に対して直接投資が行われる。3つの優位性の頭文字をとって OLI パラダイムと呼ばれる。ただし，批判もあり，1980年代になると修正が行われている。当初，I 優位性は内部化するという企業の意図と能力としていたが，能力を入れてしまうと O 優位性と区別がつかないという批判を受けて，ダニングは O 優位性を

（a）自社の技術，知識等の資産優位性（asset advantages）

（b）取引優位性（transaction advantages）

の2つに分けた。その上で I 優位性を「市場の失敗に対処して内部化を行おうとする多国籍企業の意思」と再定義して「能力」を外し，取引優位性とは異なることを明確にした。

　ラグマンたちは，O 優位性の概念を発展させ，企業特殊優位性（firm-specific advantages：FSAs）と呼び，それを

（i）特定の国だけで優位を生む location-bound FSAs

（ii）他の国でも優位を生む non location-bound FSAs

に分けた。これと優位性の生まれる場所（本国，現地，ネットワーク）の2×3で，FSAs が生まれて波及していくパターンを整理した。

　もっとも，O 優位性がなくても，現地で知識などの優位性を得るために海外進出するメタナショナル（metanational）企業もある（そうした経営をメタナショナル経営と呼ぶ）。あるいは最初から海外市場を狙って起業するボーン・グローバル企業（born global firm）もある。したがって，こうしたモデルを使って説明する際には注意がいる。

【参考文献】大木（2017）『国際経営』第3章。

● II-11　プロダクト・サイクル仮説　■■■

　バーノン（R. Vernon）は，1966年に発表した論文で，米国企業の海外直接投資のパターンをプロダクト・サイクル（product cycle；製品サイクル）から説明するプロダクト・サイクル仮説（PC仮説）を打ち出した。

　バーノンの主張を整理して，どんな仮説なのかを説明しよう。バーノンはまず，製品開発の段階を次の3つに分けている。

① 　新製品（new products）……米国は，
　　(1) 平均所得が高く，そのせいもあって労働単価が高いので
　　(2) 労働を節約するニーズに応える新製品（消費財・産業財）にとってユニークな市場機会を提供している。

　　そのため，こうした新製品は，まずは米国市場に登場し，デザインも定まっていないので，米国で生産される。

② 　成熟製品（maturing product）……製品需要が拡大するにつれて，製品のデザインも標準化されていく。米国以外の先進国市場でも売れるようになると，現地生産をするようになる。

③ 　標準製品（standardized product）……製品デザインが標準化して正確に記述できるようになり，陳腐化の恐れもなく在庫を生産できるようになると，市場から離れていても労働コストの低い第三国，発展途上国で生産し，市場に輸出するようになる。

　以上の記述は企業行動レベルの話で，米国企業の立場から見れば，まずは先進国へ，次に発展途上国へとプロダクト・サイクルの変化に合わせて直接投資が行われることになる。バーノンはこれを国レベルの話に飛躍させ，米国，他の先進国，発展途上国の3つに分けて，国レベルの生産・消費，輸出・輸入をパターン化して見せた。

　ただし，バーノンの論文中では「仮説」と連呼されているが，仮説が何を指しているのかはどこにも書いていない。それどころか，論文のタイトルに

もなっているプロダクト・サイクルは論文の本文中には一度も出てこない。おそらく①→②→③がプロダクト・サイクルなのかと想像したくなるが，これは製品開発の段階（stages of product development）とされている。なお，バーノン自身は，後になって，このプロダクト・サイクル仮説が強い予測力を持っていたのは，第2次世界大戦後20〜30年（つまり1970年前後）までの米国と米国企業に関してだけだったと明言している。

バーノンの議論は多国籍企業内での優位性の移転が前提になっている。しかし，その国の文化と結びついた経営慣行のようなものを，優位性を保ったままで移転することはかなり難しい。たとえば，終身雇用，年功賃金，集団的意思決定などで特徴づけられている日本的経営である。

第二次世界大戦の敗戦直後，日本的経営は，日本国内でも後進性の現れと批判されていた。しかし，日本が高度経済成長を遂げ，1970年代〜1980年代に日本企業と日本製品が世界を席巻するようになると，今度は日本的経営は優れていると国内外の評価が180度変わった。さらに日本の自動車メーカーの生産システムは世界中から注目を集め，優れていると評価され，リーン生産システムとして概念化されたりした。そこで，米国企業でも，こうした日本的なものを取り入れ，移転しようとする動きが生まれたが，実際には移転は難しく，本家の日本企業が海外進出する際ですら，海外工場への移転は難しかった。

こうした知識移転の難しさは，情報粘着性（information stickiness）で表現されることもある。実際問題として，知識移転をしようとすると，知識にはマニュアルなどで明文化された形式知だけではなく，暗黙知もあり，暗黙知は特に情報粘着性が高く，移転が難しい。そうした中で，日本企業，特に**トヨタ自動車**を中心とした自動車メーカーは，海外工場を指導・支援するマザー工場（mother factory）制をとることで，苦労しながら日本的（日本型）生産システムを移転していった。

【参考文献】大木（2017）『国際経営』第4章。

　知的財産権（intellectual property）は，特許権のような法的に保護対象とな
りうる知的無形資産である。法律的には，特許法，実用新案法，半導体集積
回路保護法，種苗法，意匠法といった産業的創作保護法，著作権法のような
文化的創作保護法，商標法，不正競争防止法のような市場の秩序維持法とい
った法律群から構成される。知的財産権のうち，特許権（patent），実用新案
権，意匠権，商標権の4つを産業財産権（または工業所有権）といい，特許
庁が所管している。利用性，新規性，進歩性の3要件そろった発明は特許権
を与えられ，権利期間は出願から20年である。コンピュータ・プログラム
については，アルゴリズムは特許権，プログラム自体は著作権の対象となる。
著作権の保護期間は，著作者の死後50年（団体名義の著作権は公表後50年）
である。

　特許権があれば，模倣を阻止したり，事業活動を防衛したりできるが，出
願後1年6カ月を経過すると出願内容が公開されてしまう。そのため，公開
したくない重要な技術をノウハウ（know-how）として社内に秘匿する場合も
ある。その際，要件を満たせば，不正競争防止法で営業秘密（トレード・シ
ークレット）として守ることもできる。先使用権制度も利用できるが，立証
はなかなか難しい。

　ライセンス（license または licence）は，日常的に許可，認可，免許などの
意味で使われる用語である。企業同士，特に海外企業と結ぶライセンス契約
の形態は，主に（a）特許など知的財産権の実施許諾契約・使用許諾契約，（b）
技術移転，営業秘密の開示を含む契約，（c）貿易としての技術資料取引（図
面の代金としてのライセンス料も含む）の3つになる。このうち（a）は特許法
や著作権法といった法律的な裏づけがあり，「外資に関する法律」（「外資法」
1979年の外為法改正で廃止）があった時代は，（a）（b）は外資法，（c）は「外
国為替及び外国貿易管理法」（「外為法」1998年から「外国為替及び外国貿易法」）

の適用対象となっていた。

ライセンス交渉で，他の会社から特許など知的財産権の実施許諾権を買ってくる契約はストレート・ライセンス（straight license）と呼ばれ，ライセンサーがライセンシーに対して一方的に特許の実施許諾を与える。その際の対価には，(a) 実施許諾料・報償料（royalty）と，(b) 技術援助料・技術指導料（technical service fee）があるが，対価をすべてロイヤルティーと呼ぶこともある。対価の支払い方式としては，料率制，従量制，定額制がある。しかし，ストレート・ライセンスでは高くつきすぎる場合には，こちら側も対抗手段として特許権を用意し，実施許諾料を相殺するクロス・ライセンス（cross license）契約をすることもある。一般に，技術評価（technology assessment）は，「のれん」の評価と同様に難しいが，①契約製品の製造・販売にどれくらい貢献するか，②その特許を回避するコストとの相対評価，③ライセンサーの開発費の一部を負担するという3種類の評価の考え方がある。さらに，こうした一対一の契約ではなく，MPEG や MP3 のように一つの技術に多くの特許権と権利者が存在する場合には，それらの権利者が所有する特許権を一つの企業体に集中させて特許プール（patent pool）を形成し，そこを通じて必要な実施権をまとめて買ってくる方式をとる場合もある。

ライセンスをベースにした事業連携のあり方を，ライセンスを供与するライセンサーの側から考えてみると，ライセンスは一般的には事業連携の脇役であることが多い。ライセンスがからんだ事業連携には，(1) 資本関係を含む拠点確保型，(2) ライセンス契約のみによる技術提携型，(3) 競争・協調並立の共同行為である相互独立型，の3種類がある。

日本では 1998 年に大学等技術移転促進法が施行され，大学でも知財戦略が注目され，技術移転ブーム，TLO（Technology Licensing Organization；技術移転機関）設立ブームが到来した。

【参考文献】宮崎（2011）『事業戦略』第 12 章。高橋（2020）『経営学入門 第 2 版』第 16 章。

● II-13　マーケティング ■ ■ ■

　ドラッカー（P. F. Drucker）は「マーケティングの目的とは『売り込み』を不要にすることである」とその本質を看破している。つまり，イソップ寓話の「北風と太陽」の話にたとえるならば，北風のように，消費者に自社の製品・サービスを力ずくで売り込んで買わせようとするのではなく，太陽のように，消費者自らが喜んで継続的に財布を開いてくれる状態にすることがマーケティングだというのである。

　マーケティングは1900年代に米国で生まれたが，時代に合わせて進化し，全米マーケティング協会（American Marketing Association；AMA）もマーケティングの定義を何度か改訂してきた。たとえば2007年版では「顧客，得意先，パートナー，社会全般にとって価値のある提供物を，創造，伝達，提供，交換するための活動，機関，プロセス」と定義されている（2017年追認）。

　時代によって大きく変化してきたマーケティングを**コトラー**（P. Kotler）は次のように整理している。

A）製品中心の工業化時代はマーケティング1.0で，大量生産された製品の機能的価値を謳った製品中心のマーケティングだった。

B）情報化時代が到来するとマーケティング2.0で機能的価値に加えて感情的価値を提案する消費者志向のマーケティングが始まった。

C）マーケティング3.0とは，さらに精神的価値も加えた価値主導のマーケティング。

　マーケティング2.0では，満たされていないニーズ（needs）やニーズを満たそうと製品・サービスを求める感情ウォンツ（wants）を把握する必要があるとされる。しかし2010年の段階で，コトラーは「今日のマーケッターの多くがいまだにマーケティング1.0を行っており，中にはマーケティング2.0を行っている者もいるが，マーケティング3.0に進んでいる者となるとごく少数だ」という。

時代による変化だけではない，同じ時期，同じ業界内であっても競争ポジショニングが違えば，当然，マーケティング戦略も変わってくる。たとえばコトラーは，その企業の市場シェアが業界内の地位を表すとして，シェアが高い順に4分類し，それぞれの地位ごとに最適なマーケティング戦略を説明している。

① リーダー……業界1位のシェアをもつ企業。

　（a）全製品ラインをそろえるフルライン戦略

　（b）全顧客セグメントをターゲットとするフル・カバレッジ戦略

　（c）競合他社の有望先発製品に対する模倣戦略（同質化戦略ともいう）

をとり，経営資源にものをいわせて規模の経済と経験曲線効果が働くコスト競争に持ち込むこともある。

② チャレンジャー……業界2番手で，リーダーの地位を脅かす企業。差別化戦略をとる。差別化は4Pのすべての領域で可能。

③ フォロワー……業界3番手かそれ以下の企業。市場での存続を目標とし，新製品開発やテスト・マーケットは大手企業に任せることでコストを抑え，模倣戦略で低価格競争をする。

④ ニッチャー……業界3番手かそれ以下の企業のうち，特定ニーズをもつ規模の小さな市場セグメントであるニッチ市場（niche market）内で高い支持を得て特化している企業。成功の鍵はピンポイントにターゲットを絞った専門化と先発優位性を守る参入障壁。

　ただし，ここで挙げられている「○○戦略」は経営戦略論で登場するものと同じで，マーケティングに特有の戦略というわけではない。また，この4分類を市場シェアではなく，量的経営資源と質的経営資源の相対的優劣で，どちらも優れていれば①，量優・質劣は②，量劣・質優は④，どちらも劣っていれば③と分類する方法もある。

【参考文献】山本（2012）『マーケティング』第1章・第3章。高松・具（2019）『経営管理 第2版』第9章。高橋（2020）『経営学入門 第2版』第16章。

● II-14　マーケティング戦略の立案　■ ■ ■

　マーケティング戦略は機能別戦略の一つで，経営理念に基づいて事業領域（ドメイン）を定める企業戦略（全社戦略）の下位戦略になる。**コトラー**（P. Kotler）は，マーケティング戦略の立案プロセスを次のような流れで説明した。コトラー流には，マーケティング戦略の管理サイクル Plan-Do-See で Plan は（2）（3），Do は（4），See は（5）になる。

(1) R（research）：現状分析……外部環境（人口，経済，自然，技術，政治，法律，社会，文化といったマクロ環境と，顧客，供給業者，流通業者，業界構造，競争相手といったミクロ環境に大別），内部環境についての包括的な現状分析を行う。顧客（customer），競合（competitor），自社（company）の３Ｃ分析，これに協力企業（co-operator）や流通（channel）を加えて４Ｃ分析という切り口でマーケティング・リサーチ（marketing research）をする。経営戦略論で有名な SWOT 分析やファイブ・フォース・モデル（five forces model）も手法として使える。

(2) STP……現状分析で，重要なマーケティング課題が明らかになると，今度は市場全体を細かく細分化し，その中からターゲットとなる市場を絞り込み，そのターゲットのニーズに適合するように製品・サービスを位置づける。これが STP マーケティングである。

　① S（segmentation）：セグメンテーション……対象となる市場を基準でセグメントに細分化する。基準はセグメンテーション変数と呼ばれ，具体的には，次のような変数。

　　A）地理的変数……地域，人口密度，気候，都市規模など。

　　B）デモグラフィック変数……年齢，性別，世帯規模，ファミリー・ライフサイクル（既婚・未婚，子供の有無），所得，職業，教育，宗教，人種，国籍といった人口統計学的変数。

　　C）サイコグラフィック変数……社会階層，ライフスタイル，価値

観，性格など。

　　　D）行動変数……購買状況，使用頻度，使用者タイプ（非使用者・
　　　　旧使用者・潜在的使用者・初回使用者・定期的使用者など），ロイ
　　　　ヤルティ（loyalty；忠誠）・タイプ，求める便益（benefit；製品・
　　　　サービスから得る何らかの利益）など。

　②　T（targeting）：ターゲティング……試行性（試し買いしてくれる可能
　　　性），競合性，市場規模，便益の受容性などを考慮して，ターゲッ
　　　ト（target；標的）とするセグメントを決定する。内部資源が豊富で
　　　あれば，多様なセグメントに売るフルライン戦略を採ることもでき
　　　るが，そうでなければ小さなセグメントに集中するニッチ戦略を採
　　　ることになる。

　③　P（positioning）：ポジショニング……この製品・サービスをターゲ
　　　ットからどう思われたいか，消費者の心にどのように自社（製品）
　　　を位置づけられたいかを決定する。

(3)　MM……ターゲットが確定し，ポジショニングを決定したら，当初のマ
　　ーケティング目標を達成するために何をすればいいのかの検討に入る。
　　マーケティングの4P：製品（product），価格（price），流通（place），プ
　　ロモーション（promotion）の最適な組み合わせ計画マーケティング・ミ
　　ックス（marketing mix）を考える。特に，4Pの4項目が互いに高いレベ
　　ルで適合していることが重要になる。

(4)　I（implementation）……企画立案された戦略のインプリメンテーション（実
　　行）で，Plan-Do-See の Do に相当する。

(5)　C（control）……コントロール（統制）で，Plan-Do-See の See に相当する。
　　今後の STP の修正やマーケティング・ミックスの修正やアップデート
　　に活用する。

【参考文献】山本（2012）『マーケティング』第2章・第4章・第11章。宮崎（2011）『事
業戦略』第1章・第14章。

コトラー（P. Kotler）は，プロのマーケッターに最も特有のスキルを「ブランド（brand）を創造し，維持し，守り，向上させていく能力」だとしている。モノの製品開発に対して，ブランド開発（brand development）とは意味の開発である。製品を識別し差別化するブランド名，シンボル（ロゴやキャラクター），パッケージといったブランド要素によって，世界観を消費者に伝えるので，そのブランドをもつ消費者の自己表現やアイデンティティ形成に寄与する。

ブランド・アイデンティティ（brand identity）論では，ブランドは機能的便益（functional benefit）や情緒的便益（emotional benefit）だけでなく，こうした自己表現便益（self-expressive benefit）も消費者に提供するとされる。ブランドには，識別機能，品質保証機能，意味づけ・象徴機能，メーカー出所表示機能，宣伝広告機能，付加価値増進機能，交渉力増進機能がある。

このうち，ブランドの識別機能や品質保証機能は，(a) 消費者が感じる不安である知覚リスク（perceived risk；機能的リスク，金銭的リスク，物理的リスク，社会的リスク，心理的リスク）を低減させ，(b) 消費者の探索コスト低減に寄与する。(c) ブランドの意味づけ・象徴機能は，消費者の情報処理コスト低減に寄与する。

ブランド要素は，①記憶可能性，②意味性，③新製品への移転可能性，④外部環境変化への適合可能性，⑤商標登録や意匠登録による防御可能性といった基準で選択される。アーカー（D. A. Aaker）は，ブランドは金銭的評価が可能な無形資産であり，管理で価値が増減するもので，企業にとって強いブランドをもつことが重要なのだと主張した。実際，企業買収の時には，ブランドは無形固定資産ののれん代として金銭的に評価される。そして，

A）消費者のブランド・ロイヤルティ（brand loyalty；ブランドへの愛着）

B）ブランド知識の一部であるブランド認知（brand awareness）

C）消費者の心に浮かぶイメージであるブランド連想（brand associations）

D）知覚品質（perceived quality）

E）商標権やトレードマークといったその他のブランド資産

を総合して，ブランド・エクイティ（brand equity）と呼んだ。

　ブランドを育てるには，ブランド強化戦略やブランド・リポジショニング（repositioning）戦略による既存製品の微調整だけではなく，ブランド変更戦略や製品ライン拡張（line extension）戦略・ブランド拡張（brand extension）戦略・マルチブランド戦略といった拡張戦略も考える。

　優れた単一製品の個別（独立）ブランドは，企業名がブランド化した企業ブランドに正の効果（てこの作用）をもつが，他方，優れた企業ブランドも傘下の個別ブランドに安心感や信頼感を与えるアンブレラ効果をもっている。

　とはいえ，消費者は様々な理由でブランド・スイッチをする。

A）派生的ブランド・スイッチ……消費者が直接関知しない何らかの原因で選択されるブランドが変わる次のような場合：①世帯内に複数の使用者がいて，別のブランドを使っていた場合，世帯の購買データ上，ブランド・スイッチが行われたように見える。②使用状況に合わせてブランドを変える。③複数の用途があると，見かけ上のブランド・スイッチが起こる。④新製品が発売になったり，既存品が生産打ち切りになったりして，利用可能な製品の集合が変わる。⑤価格・プロモーションの影響。⑥収入の増減や転居といった制約条件の変化。

B）直接的ブランド・スイッチ……消費者が変化を求めて行動を変えることによって起こる購入ブランドの変更で，①内部的（個人的）要因としては，飽きや属性のバランスを求める行動によって，既知のブランド間でのスイッチ，未知の（不確かな）ブランドへのスイッチ，情報を収集する目的でのスイッチ。②外部的要因としては，他者からの影響で，同化作用（バンドワゴン効果），異化作用（スノッブ効果）でスイッチする。

【参考文献】山本（2012）『マーケティング』第9章・第10章。

　メーカーから見ると，すべての人は消費者（consumer）だが，顧客（customer）といえば普通は自社製品を購入してくれた人のみを指す。数で2割の顧客が売上の8割を占める20対80の法則またはにはち（二八）の法則（2割の人に8割の富が集中しているというパレートの法則からきている）が言われるように，顧客にもランクがある。たとえば，購入可能性がある潜在顧客（potential customer）（接触もしていれば見込み客（prospect）），一度でも購入してくれた初期購買者（trial user），数回続けて購入してくれた初期反復購買者・リピーター（repeater），何度も繰り返し購入してくれたロイヤル顧客（loyal customer）と区別する。カスタマー・ピラミッド（下の段から潜在顧客/新規顧客/リピーター/ロイヤル顧客の4階層）で表すこともある。ロイヤル顧客の中には，他者に当該製品を熱心に推奨してくれる伝道者（brand evangelist）もいる。ただし，店で製品を購入する購買者（buyer）と実際にお金を出している支払者（payer）は別かもしれないし，製品の使用者（user）はさらに別にいるかもしれないので注意がいる。

　マーケティングでは消費者が主役で，消費者行動のモデルも発展してきた。

A）刺激反応モデル（S-Rモデル）……消費者は，①製品を見たり触ったりする実体的刺激，②広告を見るなどの象徴的刺激，③評判やクチコミなどの社会的刺激，④経済環境からの刺激，といった刺激（stimulus）を受けて，その反応（response）として購買行動・推奨行動・苦情行動などを起こすと考えるモデル。

B）刺激—生体—反応モデル（S-O-Rモデル）……S-Rモデルではブラックボックスだった消費者の内的・心理的プロセスを生活体（organism）として入れたモデル。ハワード=シェス・モデル（Howard-Sheth model）が有名。

C）情報処理型モデル……S-RモデルもS-O-Rモデルも刺激に反応する受

動的な消費者のモデルであるのに対し，このモデルでは，消費者が能動的に探索・収集した情報を統合して，知名集合（知っているブランドのリスト）⊃想起集合（自力で思い出せるブランドのリスト）⊃考慮集合（購買候補ブランドのリスト）と候補を絞り込んでいく情報統合プロセスを考える。最終的に消費者は考慮集合の中から購買するブランドを選ぶ。

D）精緻化見込みモデル（elaboration likelihood model；ELM）……情報処理型モデルのような論理的な中心的ルートに，感情的・感覚的な態度形成の周辺的ルートも加えたモデル。

　情報処理型モデルを仮定すると，購買意思決定プロセスは，①需要の喚起→②購買情報の探索・収集→③選択代替案の評価→④購買行動→⑤購買後の評価　の5段階からなる。このうち⑤では期待不一致モデルが言われ，リピート率を上げるには期待水準を上回ることが肝要だが，仮に下回って，社会心理学者フェスティンガー（L. Festinger）のいう認知的不協和（cognitive dissonance）が生じたとしても，購買後のアフターケアでそれを解消してやれば，今度はリピーターを生み出す手段にもなる。

　同様に，広告の階層効果モデルでも，広告への反応がある順序に従って起きると仮定している。古くは19世紀末に提唱されたAIDA（アイダ）モデルが，①消費者が広告などのマーケティング・メッセージに注意（attention）を喚起され→②対象となる製品・サービスに関心（interest）を抱き→③購入したいという欲求（desire）が生まれ→④購買（action）に至るとしていた。それ以来，モデルは多数に上るが，日本で一般的に用いられるのは，AIDAの③欲求Dと④購買Aの間に記憶（memory）を挿入したAIDMA（アイドマ）モデルである。ただし，近年，ブログやSNSといったCGM（consumer generated media）が生まれたことで，購買をゴールとしたこうした消費者行動モデルでは対応しきれず，新しいモデルがどんどん提案されている。

【参考文献】山本（2012）『マーケティング』第10章。高橋（2020）『経営学入門 第2版』第6章。宮崎（2011）『事業戦略』第5章。

　製品とは単なるモノではなく，便益の束（bundle of benefit）である。便益には経済的な利益も非経済的な利益も含まれる。別の言い方をすれば，製品には製品本来の機能である本来的価値以外にも副次的使用価値がある。たとえば自動車は，移動手段という中核部分に，デザイン・品質・ブランドといった実態部分が加わり，さらに納車・保証・修理という付随部分も併せて総合的に製品が判断される。

　メーカーが自社製品の製品ラインナップやブランドを体系化することは製品ミックスと呼ばれる。どのような製品ミックスを展開していくのかを考えるのが製品戦略であり，メーカーの製品ミックスには，次の3側面がある。

(1) 幅……そのメーカーが持っている製品ラインの数。製品ラインとは，機能，顧客，流通チャネルなどで密接な関係のある製品の集合体のこと。

(2) 長さ……各製品ラインで，それを構成する製品（群）・ブランドの数。

(3) 深さ……各製品・ブランドで，サイズや形態などの分類基準で細分されたアイテムの数。

さらに4番目の側面として，最終用途，製造条件，流通チャネルなどでの製品ライン同士の（4）整合性を加えることもある。

　マーケティングでは，新製品開発プロセスは次のようなものだと考えられている。ただし，実際の開発プロセスはこれほど単純ではないので（近能・高井（2010）『イノベーション・マネジメント』を参照してほしい），ここでは新製品開発プロセスのどの段階でマーケティングが絡んでくるのかを例示するためのものだと考えてほしい。

① 市場機会の発見……どのような製品をつくり，どの市場に，どのタイミングで参入するか（先発の場合は先発優位があり，後発の場合はただ乗り（フリーライド）してコストを抑えられる後発優位がある）。アイデアのスクリーニング（取捨選択）の際は，高潜在性のアイデアを捨ててしまうド

ロップ・エラーと低潜在性のアイデアを採用してしまうゴー・エラーの危険がある。

② 製品のデザイン……①の製品アイデアを消費者の言葉で製品コンセプトに磨き上げ，それを適切なターゲットに提示して反応を見るコンセプト・テストを行う。そして STP とマーケティング・ミックスのマーケティング戦略計画を策定する。

③ 市場テスト……プロトタイプができたら，消費者の受容性を試験的に測定する。また全国販売と同じ状況をいくつかの地域・都市で実現し，新製品の売上を観測し，消費者にアンケートをとるテスト・マーケティングも行われることがある。

④ 市場導入……市場の完成を待つこともある。

⑤ ライフサイクル・マネジメント……マーケティング戦略に時間軸を入れて，製品ライフサイクルに応じた戦略を考える。

⑥ リポジショニング……製品が陳腐化してしまった場合には，①に戻り，ポジショニングをやり直す。

なお，新製品への買い替えを促す手法として，計画的陳腐化がある。これには，次の3つがある。

(a) 新製品に新機能をつけることで従来の製品を古臭いと消費者に感じさせる機能的陳腐化

(b) デザイン変更によって従来の製品を古臭いと消費者に感じさせる心理的陳腐化

(c) 企業が意図的に製品寿命を短くする材料的陳腐化

ただし，いかに新製品開発が望ましいものだとしても，短期間に新製品を次々と市場投入すると，消費者やユーザーの不満を生み出す危険がある。さらに，近年では資源の浪費や環境破壊につながるという批判もあるので，企業のブランド・イメージへの影響を考えながらやる必要がある。

【参考文献】宮副（2010）『流通論』第4章。山本（2012）『マーケティング』第5章。

製品・サービスの価格設定（pricing）は，次の3つに大別される。

① コストに基づく価格設定……製造原価に一定の利益率（マージン，マークアップ）で利益を加えて販売価格とするコストプラス法（full cost pricing）。注文住宅の価格などは典型的。通常の製品は，

製造原価＝変動費＋（固定費÷見込み販売量）。

② 需要に基づく価格設定……知覚価値を調査・測定し，その結果に基づいて価格設定をする知覚価値プライシング。需要の価格弾力性が低い市場セグメントでは，高価格でも需要に影響しないので，たとえば，深夜のタクシーは割増料金を設定するといった価格差別を行う。この他にも，低価格のベーシック・バージョンとは別に，特別・高級感のある高価なプレミアム・バージョンも売るプレミアム・プライシングや，地域ごとに価格が異なる地理的プライシング，ゾーン・プライシングなどもある。

③ 競争に基づく価格設定……典型的なのは入札価格設定。プライス・リーダー（price leader）に追随して価格を設定する場合も競争に基づく価格設定。

消費者が，こうして設定された価格で買うかどうか，心理的に比較・評価する基準となる参照価格（reference price）には，外的参照価格と過去の購買経験から形成される内的参照価格がある。妥当だと思われる値ごろ価格，適当だと感じる価格幅の上限留保価格，慣習的に浸透している慣習価格などがある。

こうした消費者心理を利用した価格設定としては，

(a) 価格の桁が増えると大台効果で割高感が増すので，割安感を出すために，99円とか980円とかの端数価格をつける。

(b) ブランド品などは，逆に価格をあえて高くすることで，価格の品質バロメーター機能で上質感を出す威信価格をつける。

（c）松・竹・梅のような段階価格をつけることで，高価格のコースはより高級に，低価格のコースはよりリーズナブルに見えるようにする。

（d）低価格品の場合，逆に100円ショップのように均一価格を設定することで手軽さと安さを売りにする。

ただし，価格の文脈効果で，同じ値段でも，前後に見た価格で割安感・割高感が生じる。

新製品の価格設定の戦略としては，

A）スキミング戦略（skimming pricing policy；上澄み吸収戦略）……新製品に高い価格を設定し，新製品開発の投資を早めに回収する戦略。ただし，類似商品が登場して競争が激化すると，徐々に価格を下げてシェアの確保を図る。

B）市場浸透価格戦略（market penetration pricing policy）……新製品に低い価格を設定し，市場に早く普及・浸透させる戦略。この戦略は次の場合には有効である。

　（a）需要の弾力性が高い場合は，価格を下げれば需要は大きく増大する。

　（b）こうして早期に市場を押さえてしまえば，耐久消費財のように買い替えまでの期間が長い場合は，新規参入は当分難しくなる。

　（c）スイッチング・コストが高い場合は，一度獲得した顧客を逃がさずに囲い込める。

小売企業の価格戦略としては，

C）EDLP（everyday low price）戦略……特売日を設けずに，「毎日が低価格」。価格を変動させないので，価格に対する消費者の信頼感を得られる。

D）ハイ・アンド・ロー戦略（high and low pricing strategy）……通常価格で販売されている商品の価格を一時的に値引きし，目玉となるバーゲン品を設定して，顧客を引き付ける。採算度外視で大幅値引きした低価格商品はロス・リーダー商品（loss leader）と呼ばれる。

【参考文献】山本（2012）『マーケティング』第6章。

● II-19　プロモーション戦略　■ ■ ■

　プロモーション（promotion）とは，企業と消費者の接点コンタクト・ポイント（contact point）/タッチ・ポイント（touch point）で，製品やサービスの存在を消費者に知らせ，興味を抱かせ，購入させるためのあらゆるコミュニケーション活動のことで，特に次の4つを指す。

A）人的販売（personal selling）……担い手である販売員は，次のように分類される。

　　(a)　新規顧客を開拓するオーダー・ゲッター（order getter）

　　(b)　既存顧客との関係を維持強化するオーダー・テイカー（order taker）

　　(c)　受注活動よりも顧客支援・販売支援を行うミッショナリー・セールスマン（missionary salesman）

B）広告……広告の効果は広告主の目的（意図）の達成度で測定される。

　　(a)　識別可能な広告主が，

　　(b)　特定のオーディエンス（受け手/ターゲット）に対して，

　　(c)　有料の広告媒体・メディア（media）を通して（「○○新聞」「○○テレビ」のような媒体の銘柄はビークル（vehicle）という），

　　(d)　メッセージ（製品広告・企業広告・情報提供型広告・説得型広告・リマインダー型広告・比較広告）を大量に伝達する。

C）パブリシティ（広報）……媒体に記事や番組で取り上げてもらう。媒体は，大きく2つに分類される。

　　(a)　対価の支払いのないノン・ペイド・パブリシティ（non-paid publicity）/フリー・パブリシティ/無料パブ

　　(b)　対価を支払って取り上げてもらうペイド・パブリシティ（paid publicity）/有料パブ

　手法としては，記者会見，展示会，見学会などのイベントがあり，さらに，イベントに有名人を招待することで，媒体での露出を増やす。

D）セールス・プロモーション（sales promotion；SP）……広告と違い，直接的かつ短期的に購買を促進させる手法。SP の目的から 4 つに大別される。

① 価格訴求型 SP……消費者向けにはクーポン，増量パック，バンドリング（bundling；セット販売），流通業者向けにはアローワンス（allowance：協賛金・販促金），納入金額・量で優遇した特別出荷などがある。

② 情報提供型 SP……消費者向けにはダイレクト・メール（DM），チラシ，店頭 POP，店内の目立つ場所への特別陳列，流通業者向けにはトレード・ショー（trade show；見本市）などがある。

③ 体験提供型 SP……消費者に試供品（サンプル）を配布するサンプリング（sampling），さらに試供品使用者の声を収集するモニタリング（monitoring），デモンストレーションなど。

④ インセンティブ（incentive）提供型 SP……オープン懸賞，購入者限定のクローズド懸賞，おまけのプレミアム（premium），消費者が一定額以上の商品を買い，一定金額を支払えば必ずプレミアムを入手できる仕組みセルフ・リキデーション（self-liquidation；自己精算式），企業・製品のブランド名が入った実用品であるノベルティ（novelty），消費者向けのコンテスト（contest），小売業者向けのディスプレイ・コンテスト，スイッチング・コストが高い航空会社が優良顧客を囲い込むためのマイレージ・プログラム（米国ではフリクエンシー・プログラム frequent flyer program；FFP）。

以上の A〜D の 4 つは，人的コミュニケーション（A）と非人的コミュニケーション（B〜D）に大別されるが，これらを一つの複合体として再構築する統合型マーケティング・コミュニケーション（integrated marketing communication；IMC）も唱えられている。

【参考文献】山本（2012）『マーケティング』第 8 章。高橋（2020）『経営学入門 第 2 版』第 5 章。

● II-20　インターネット時代の広告
（プロモーション戦略の続き）

　従来の広告は，テレビ・コマーシャルのように押し付けられるプッシュ型だったが，インターネット広告は，消費者が自ら引き寄せるプル型で，クリックやマウスオーバーによる双方向型もあり，高度なターゲティングが可能になる。インターネットを組み込んだ広告戦略をクロスメディア（cross-media）と呼ぶが，インターネット広告には，さまざまな種類がある。

A）ウェブ広告……ウェブ・ページ上に掲載される広告。

　　①ディスプレイ広告……文字（テキスト）のみのテキスト広告，動画，画像のバナー広告がある。バナー広告は旗（バナー）型で，形状が正方形に近いものはバッジ広告とも呼ばれる。

　　②検索連動型広告……検索サイトの検索結果画面に広告がテキスト形式で表示され，ユーザーがクリックすることで初めて課金される広告。検索エンジンを利用して自社ウェブ・サイトに誘導するマーケティング活動は SEM（search engine marketing）とも呼ばれる。

B）メール広告……電子メールを使って文字や画像で表現された広告を配信する。メールマガジン型と DM（ダイレクト・メール）型がある。

C）ネイティブ広告……検索結果や記事一覧などに自然な形で挿入される広告。広告だったと分かった時に，失望感や不信感を招くことがある。

D）動画広告……YouTube などの動画サイトで，動画を閲覧する際に配信される広告。

E）ソーシャル広告……フェイスブック，ツイッター，インスタグラムなどのソーシャル・メディア上で展開される広告。SNS 広告とも呼ばれる。

　インターネット広告には，次の3つの効果があるといわれる。

（1）インプレッション効果……広告クリエイティブの広告インパクト効果，ブランディング効果，そして，広告のクリック意向，ウェブ・サイト訪問意向，ブランド購入意向など消費者の態度変容効果。

(2) トラフィック効果……消費者を広告主の指定サイトに誘導する効果で, 広告をクリックして企業サイトに誘導されるポストクリック効果と広告接触直後ではないが後になって企業サイトに誘導されるポストインプレッション効果の2つを含む。

(3) レスポンス効果……広告主が期待する一定の消費者のアクションに結びつけるアクション効果。

インターネットを活用して消費者が内容を生成していくメディア CGM (consumer generated media) として, 電子掲示板, 比較サイト, ブログ (weblog の略), Twitter のようなミニブログ, SNS (social networking service), 動画投稿サイト, ブックマーク (お気に入り URL) を他者と共有するソーシャル・ブックマークが登場した。このように送り手と受け手が固定化せず, 誰もが自由に情報発信できるウェブの利用状態を 2005 年頃から Web 2.0 と呼ぶ。こうして消費者が発信する e クチコミでは, キーパーソンやオピニオン・リーダーの存在が関心を集めた。

企業ウェブ・サイトは, 検索エンジンの検索結果で上位に掲載されるように検索エンジン最適化 (search engine optimization；SEO) が行われる。企業ウェブ・サイトは顧客関係管理 (customer relationship management；CRM) や市場調査のツールとしても有効で, アクセスログ・データは行動履歴データとして使え, テキスト・マイニングでネット上の消費者の生の声を分析すれば, 質問紙データなみに使える。

これまでのマス・マーケティングは, 不特定多数の消費者にマスメディアを通じて広告を大量投入するものだった。しかし, インターネットが発達し, 個々の顧客の売買履歴や属性などを顧客データベースとして企業が一元管理できるようになると, 企業が顧客一人一人のニーズに1対1で個別に合わせたワントゥワン・マーケティングが可能になった。

【参考文献】山本 (2012)『マーケティング』第8章。高橋 (2020)『経営学入門 第2版』第5章。

　生産者から消費者までの間に存在する①場所，②時間，③認識，④所有権の隔たりを橋渡しする①輸送機能，②保管機能，③情報伝達機能，④取引機能の分業体制からなる活動を流通（distribution）という。生産者から消費者に製品が渡るまでの経路流通チャネル（distribution channel；marketing channel）は，(i) 物理的なモノの物流（ロジスティックス），(ii) 商取引の商流，(iii) 情報流に分かれる。このうち (ii) 商流を構成する商業者（売り手）には次の機能がある。

A）商品取引の機会を効率的に創造する機能……商業者は，消費者にとっては購買代理（購買の集中），生産者にとっては販売代理（販売の集中）の機能を発揮するが，これを売買集中の原理と呼ぶ。売買集中により取扱い規模が拡大すれば，規模の経済が働いて単位当たりの費用が減少する。

B）生産の計画性と消費の無計画性を調整する機能……商業者は，川上（生産者）から川下（消費者）に行くほど取引単位を小さくするとともに，商業者の社会性を発揮し，できる限り多くの生産者・消費者と取引する（取引の社会性または社会的品揃え）ことで，全体の取引を継続的かつ平準化し，生産者の計画的生産と消費者の無計画な消費の両方を可能にする。

C）生産者に対する金融機能・危険負担機能……消費者が購入するのを待たずに，生産者から買い上げて代金を支払うことで，生産者に資金を提供する金融機能と商品が売れずに損をする危険の負担機能を果たしている。

D）消費者に対する品揃え編集機能

　多数の生産者から製品を集める卸売業者（wholesaler）と消費者に販売する小売業者（retailer）は区別される。メーカーが販売業務委託契約を結んだ卸売業者販売代理店の中でも専売契約を結んだ卸売業者は特約店（特約卸）と呼ばれる。こうしたことを踏まえて，流通チャネルには，様々な形態がある。

①　流通チャネルの段階（長さ）……生産者が消費者に直接販売するゼロ段階チャネル。間にディーラーや代理店といった商業者が一つだけ入る1

段階チャネル。間に卸売業者と小売業者が入る２段階チャネル。第一次卸売業者から購入する第二次卸売業者もいる３段階チャネルと，多層化して段階数が多くなるほど流通チャネルは長くなる。

② 流通チャネルの幅（数）……卸売業者，小売業者の数はチャネルの広狭基準ともいうが，広→狭で次の３タイプに特徴づけられる。

(a) 開放的チャネル（intensive distribution）……特定地域内のできる限り多くの流通業を販売窓口とする。日用雑貨など身近な最寄り店舗で頻繁に反復購買する最寄品（もよりひん；convenience goods）に適している。

(b) 選択的チャネル（selective distribution）……特定地域内の選ばれた流通業を販売窓口とする。家電製品やファッション性のある衣料品など複数の店舗を見て回って比較の上で購入する買回品（かいまわりひん；shopping goods）で多い。

(c) 排他的チャネル（exclusive distribution）……特定地域内に販売窓口は一つ。自動車や高級ブランド品のように，それが売られている特定の店にわざわざ出かけて購入する専門品（specialty goods）に適している。

③ 流通チャネルの結びつきの程度

(a) 統合型チャネル……メーカー自らが卸売段階で販社（販売会社）を，小売り段階ではメーカー直営店を作る垂直統合のケース。

(b) 市場型チャネル……外部の専門業者・一般業者（代理店，ディーラー，小売店）に任せる市場取引のケース。

(c) 管理型チャネル……メーカーが小売店まで流通系列化するケース。

　流通チャネル構築には，莫大な初期投資と維持コストがかかるが，たとえば自前の販社が販売業務・担当地域（テリトリー）の物流拠点・小売店やユーザーの情報収集を担えば，マージン（販売手数料等）を節約できる。ブランド品の場合は百貨店等のインショップ（⇔路面専門店）での直販が有利である。

【参考文献】宮副（2010）『流通論』第１章・第２章。山本（2012）『マーケティング』第７章

II
戦略・マーケティング

● II-22　流通チャネルの設計と管理　■ ■ ■

　流通チャネルを設計する際，ターゲットとする顧客が望むサービス水準を理解する必要がある。コトラー（P. Kotler）によれば，まず次の5つのポイントがある。

A）ロット（lot）の大きさ……ロットとは，メーカーにとっては最小製造数単位で，消費者にとっては1回に購入する量。メーカーはできだけ大きなロットを望み，消費者個人はできるだけ小さなロットで買える流通チャネルを望む。

B）待ち時間……消費者が購入を意図してから製品を受け取るまでに待つ平均時間。消費者は待ち時間が短い流通チャネルを望む。

C）空間的利便性……流通チャネルで消費者が製品を買いやすい程度。消費者は接点や流通拠点の数が多く，モノの伝達，サービスの提供密度が高い流通チャネルを望む。

D）製品の多様性……流通チャネルが提供する品揃えの広さ。消費者は多様性が高い（品揃えが豊富な）流通チャネルを望む。

E）サービスのバックアップ……流通チャネルから提供される付属のサービス（配送，取付，修繕など）。消費者は優れたバックアップを望む。

　その上で，各チャネル候補を (i) 経済性，(ii) 販売代理業者に対するコントロール力，(iii) 市場変化に対する適応性の基準で評価する。流通チャネルを構築した後は，次のように管理していかなくてはならない。

(1) 外部組織に対する動機づけ（インセンティブ）政策

　　(a) 機能に対するマージン……在庫維持，現場での販売，配送といった機能に対して支払われるもの。一度定着すると廃止や減額が難しいので注意が必要。

　　(b) 量によるディスカウント……1回当りの購入量または特定期間の購入量が大量になると値引く。

 (c) コンテスト……チャネル間で販売成績やアイデアなどを競い合わせるイベント。

(2) チャネル・メンバーの評価と修正……メーカーは，販売割当の達成，平均在庫レベル，顧客への配送時間，破損品または紛失商品の処理，プロモーションや教育プログラムへの協力といった基準に照らして，定期的に評価していく。

(3) パワーによるマネジメント（5つのパワー基盤）

 (a) 報酬のパワー（rewards）……リベート制（取引時に決めた販売価格によって支払いが行われた一定期間後に，売り手側がその代金の一部を「割戻金」として買い手側に払い戻す制度）やテリトリー制（1地区に1販売会社を展開する制度）。

 (b) 制裁のパワー（coercion）……目標達成に寄与しなかった際の強制措置や，再販売価格維持制度（メーカーまたは総販売元が，卸売段階，小売段階の価格を指示し，それを守らなければ出荷停止の措置をとるなどして販売価格を守らせる制度）で再販売価格を守らない非協力者に対する出荷制限など。

 (c) 正統性のパワー（legitimacy）……公式に契約することで，契約書などで規定したことを実行する義務があると思わせる。

 (d) 専門性のパワー（expertness）……たとえば化粧品業界では，専門的知識力のある美容部員の派遣・巡回や経営の情報力で店舗の営業を支援する。

 (e) 準拠・一体化のパワー（reference, identification）……メーカー創業者への畏敬や全国一斉に宣伝販促を強化するシーズン・プロモーションは系列加盟店の参加意識を高める。

(4) チャネル間のコンフリクト（利害の対立・摩擦）の管理……同一市場に新しいチャネルを追加する場合は，役割・機能を見直して両立を図る。

【参考文献】宮副（2010）『流通論』第2章。

● II-23　メーカー主導の流通チャネル形成■■■

　日本では戦後しばらく，モノ不足の売り手市場だった。そこで，1950〜60年代に，メーカーが主導して流通チャネルを形成した。その統制手段として代表的なものが次のような日本的商慣行である。

A）建値（たてね）制……メーカーが流通段階ごとのマージンを見込んでメーカー希望小売価格を決めておく制度。建値を守って販売すれば，卸売業者や小売業者は一定のマージンが保証されるので，価格競争を抑制するといわれる。

B）リベート（rebate）制……米国でもメーカーが支払うアローワンス（allowance）と呼ばれる協賛金があるが，日本のリベートは取引先ごとに設定され，支払いもオープンではない。

C）返品制……売れ残った商品を無条件で卸売業者に返品できる制度。

D）委託販売制……売れた分だけ仕入代金を支払う制度。

E）派遣店員制度……メーカーや問屋が小売店に自費で店員を送り込み，自社製品の拡販に当たらせる制度。

F）一店一帳合制……メーカーが小売業者に対して，仕入先卸売業者を一つに限定する制度。帳合（ちょうあい）とは，卸売業者や小売業者などとの間に取引口座が開設され，取引関係があることをいう。

G）専売制……小売店に自社商品のみを扱う契約を結ばせる制度。

　このような日本的商慣行を統制手段とすることで，日本では，メーカーが流通チャネルのチャネル・リーダー（あるいはチャネル・キャプテン）として，卸売業者や小売業者を組織化してきた。ただし，そのやり方は会社ごとに個性的である。

　《化粧品》　日本では，化粧品は戦前から一般品流通で問屋を通すのが主流だった。しかし，これではブランドや価格を管理できず，値引き販売も多くなってしまったので，**資生堂**などは，販社を持ち，メーカー→系列販社→

小売という2段階の制度品流通に切り替えた。資生堂は，さらに顧客の会員組織「花椿会」を作って顧客の囲い込みを図ったが，これなどは，今でいうところの CRM（customer relationship management；顧客関係管理）の先駆けであり，CRM が言われるようになるはるか以前から既にやっていたことになる。他の化粧品会社も，やり方は個性的で，**メナード化粧品**は訪問販売，**再春館製薬所**は通信販売といった直販（ゼロ段階チャネル）の訪販品流通を採用している。ただし近年，コンビニエンス・ストアやドラッグ・ストアなどのチャネルが台頭し，そこに化粧品を展開しようとすると既存のチャネルとのコンフリクトも生まれている。

　《家電製品》　　**松下電器**（現 パナソニック）は，卸売段階では自社系列の販社を設け，小売段階では 1957 年からチェーン・ストア制度を始めて，国内ブランド名「ナショナル」から小規模な地域専門店を「ナショナルショップ」「ナショナル会」と名付けて，系列の小売店に対して，宣伝販促手法・経営手法の支援を行って組織化し，最大時には全国2万3,000店にまで成長させた。ただし，いまは家電量販店がチャネル・リーダーになっている。

　《自動車》　　自動車（乗用車）は新車と中古車で別の流通チャネルがあるが，新車に関しては，自動車メーカーが国内販売の流通チャネルを完全に掌握している。メーカー別の専売店ディーラーの多くは，自動車整備業，部品販売業，付属品販売業，自動車保険代理店などを併営している。

　《日用雑貨》　　洗剤，台所用品，トイレタリー用品，家庭用化学製品，衛生用品といった日用雑貨は低価格で，消費者ニーズに合わせた売場の棚編集と運営にあたるマーチャンダイジング機能や卸売業者の倉庫から注文品を選び出して店に送り出すピッキング機能が重要になる。ちなみにピッキング方式には，出荷先別に仕分ける種まき式と出荷先ごとに取り出していく摘み取り式がある。ライオンは地域の有力な卸売業（代理店）と契約してチャネルを強化し，花王は独自に販社を設立した。

【**参考文献**】宮副（2010）『流通論』第3章。粕谷（2019）『経営史』第11章。

　メーカーが製品ラインナップやブランドを体系化する製品ミックスには，
(1) 幅（製品ラインの数），(2) 長さ，(3) 深さ，さらに，(4) 整合性がある
（「**II-17** 製品戦略」を参照のこと）。それに対し，商業者が品揃え（商品編集）し，
売場（カテゴリー）を作り，さらに複数の売場を組み合わせ，編集すること
によって店舗を形成し，運営することをマーチャンダイジング（merchandis-
ing；MD）という。

　たとえば百貨店の**伊勢丹**では MD 分類と呼ぶ様々な切り口（性別・年齢別
などの対象別，用途別等）で基本単位の売場（カテゴリー）作りを行い，これ
をデパートメント（小分類）と呼び，それらを編集してゾーン（中分類），さ
らにディビジョン（大分類）とツリー構造で店舗の空間を構成していく。

　百貨店の取引・仕入形態には，次の4つがある。

① 　買取仕入

② 　委託仕入

③ 　ブランドなどのインショップの消化仕入（商品が売れると同時に百貨店に
　　よる仕入が行われる）

④ 　テナント（賃貸借契約）

　このうち，通常のマーチャンダイジングの適用範囲は①だけで，売上構成
の 10％にも満たないのだが，伊勢丹などでは①〜③まで，つまりテナント
以外はマーチャンダイジングの適用範囲にしている。

　マーチャンダイジングのうち，品揃え（商品編集）とは，人間の消費にと
って意味のない財の集塊物（conglometation）を消費者にとって意味のある財
の集合に仕立てていくことである。それには次の3つの方法がある。

(a) 　加工して形態付与（shaping）し，

(b) 　実際の使用状況に合わせて適合調整（fitting）し，

(c) 　組み合わせて品揃え形成（sorting）すること。

これをマッチング（matching；斉合）という。そして，このように人間の消費目的に照らして意識的に形成された財の集合をアソートメント（assortment）と呼ぶ。このアソートメントが，次のように，流通チャネルの各段階で形成されていく。

① 生産者は，製品の出荷に当たり，同質の財に仕分け（sorting-out）し，品質や大きさによって格付け（grading）することで，生産者のアソートメントができあがる。

② 卸売業者は，複数の生産者のアソートメントを集めて集積（accumulation）し，多くの小売業者に販売するために小分けして卸売業者のアソートメントを形成して，それごとに小売業者に配送して配分（allocation）する。

③ 小売業者は，複数の卸業者から財を購入し，取揃え（assorting）によって，消費者が求めるアソートメントに近づく。

　マーチャンダイジングは卸売業者，小売業者に共通するが，特に消費者と接する小売業者で多く用いられる。さらに，次のようにメーカーと小売業が共同で行うマーチャンダイジングもある。

(a) 従来の商品別分類ではなく，消費者の生活起点のカテゴリーで売場づくりをするカテゴリー・マネジメント。

(b) メーカーが自社製品だけではなく他社製品も含めてカテゴリーの品揃えを担当し，小売業者のマーチャンダイジングを支援・指導するリテール・サポート。

　GMSのイトーヨーカ堂では，商品をブランド・サイズ・色等々で細かく決めた単品で管理し，売れ筋，死筋が単品ベースで分かるようにしている。同じメーカーの同じ商品カテゴリーの中にも売れ筋と死筋が混じっているし，店舗が違えば売れ筋と死筋も違ってくる。単品管理では，こうした情報を元にして，店舗の売場レベルで，売れ筋商品に遭遇しやすいように商品の編集をしていく。

【参考文献】宮副（2010）『流通論』第4章。高橋（2020）『経営学入門 第2版』第4章。

　小売業の販売形態には，①対面接客販売（フルサービス），②セルフ販売，
③通信販売（ダイレクト・マーケティング），④訪問販売（外商あるいは直接販売），
⑤自動販売機などがある。もちろん組み合わせてもよく，百貨店はもともと
①店舗での対面接客販売と④外商をやってきたが，食品売り場は②セルフ販
売で，近年は③カタログ，テレビ，インターネットでの通信販売もやってい
る。店舗販売とインターネット通販を組み合わせている場合は，パソコン利
用を意味する「クリック」と実店舗を意味する「モルタル」を組み合わせて
クリック＆モルタル業態と呼んだりもする。

　小売業は，取扱商品による業種と次のような業態によって分類される。

A）専門店……紳士服，婦人服，靴，文房具，化粧品，家電，音楽 CD，書
　籍など特定分野の商品群に特化した業種別の専門店。ファッション分野
　では，複数ブランドの衣料・雑貨等を経営者の感性で仕入れ編集するビ
　ームスのようなセレクトショップや，ユニクロのような SPA（specialty
　store of private label apparel）と呼ばれる製造小売業も含まれる。

B）百貨店……日本では 1904 年の三越の「デパートメントストア宣言」以来，
　大型店舗で幅広く衣食住の商材を集積してきた。百貨店は，呉服店系（三
　越，高島屋，大丸，伊勢丹等）・電鉄系（小田急，阪急，東急等）の都市百
　貨店と地方百貨店に大別される。

C）スーパー・マーケット（super market；SM）……米国のチェーン・スト
　アをお手本に，日本では 1950 年代にスーパー・マーケットが誕生した。
　イオン，イトーヨーカ堂のような生活全般をカバーするカテゴリーでセ
　ルフ販売形態をとるのが総合スーパー（general merchandise store；GMS）
　で，全国展開をしている。また，米国のスーパー・マーケット様式を忠
　実に取り入れ，精肉・鮮魚・野菜の生鮮三品などの家庭の食材提供に的
　を絞っている食品スーパー（食品 SM）も，地域ごとにライフ，ヨーク

ベニマル，マルエツなどの有力企業が存在する。この他にも，住宅用品を扱うホーム・センター（home center；HC）や医薬品を扱うドラッグ・ストア（drug store；drugs）といったセルフ販売形態の業態もスーパー・マーケットに含まれる。

D）コンビニエンス・ストア（convenience store；CVS）……日本のコンビニエンス・ストアは米国の仕組みを基本としつつも，日本独自に，(a) 一定地域への集中出店，(b) POS（販売時点情報管理）を核とした情報システムによる少量多品種販売体制の確立，(c) 公共料金収納や ATM 設置など非物販サービス機能の充実，(d) 高度物流システムの確立などによって発展を遂げた業態である。2008 年，たばこの自販機にタスポ・カードが必要になり，このタスポ効果でコンビニエンス・ストアが伸びた。店舗展開の密度が高く，全国的な商品展開に向いている。

E）ディスカウント・ストア（discount store；DS）……食品，衣料品，生活用品などの生活必需品・実用品分野で，継続的に低価格で販売するエブリデー・ロー・プライス政策をとっている業態。特に，家電，酒類などに取扱商品分野を絞り込んで，価格，品揃えで圧倒的競争力を持つ専門店ディスカウント・ストアをカテゴリー・キラーという。店内の商品を原則として 1 点 100 円均一で販売する 100 円ショップも，ディスカウント・ストアに含まれる。

F）アウトレット……アウトレット（out-let）とは出口，はけ口の意味で，1970 年代末に米国で工場直売店（factory outlet）として生まれた。もともとはキズや汚れで規格外となったり，前シーズンで売れ残ったりした訳あり商品を低価格販売するメーカー直営の店舗だった。

G）生協（生活協同組合）……消費者生活協同組合法に基づくもので，市民生協のような地域生協や大学生協のような職域生協がある。無店舗販売の個配事業が成長している。

【参考文献】宮副（2010）『流通論』第 5 章。粕谷（2019）『経営史』第 11 章。

II 戦略・マーケティング

　自然発生的に形成された商店街とは異なり，開発業者が計画的に作った商業施設をショッピング・センター（shopping center；SC）という。日本ショッピングセンター協会の定義によれば，ショッピング・センターとは，核になるテナント以外に小売店舗が 10 店以上あり，総店舗面積 1,500 m² 以上で大型駐車場を備えた商業施設ということになる。

　アウトレット店を集めたアウトレット・モールもショッピング・センターの一形態である。パルコのように，大都市の中心部でファッション分野の専門店が集積したファッションビルや，JR 東日本のルミネやアトレのように，駅に隣接した商業駅ビルなどもショッピング・センターといわれることがある。

　またチェーン店には次の 2 つがある。

A）ボランタリー・チェーン（voluntary chain；VC）……大手小売業に対抗
　　するために，小売主宰（小売店が結集）や卸主宰（卸売業が本部機能を遂行）
　　で中小の小売業者が加盟契約を結んだもの。

B）フランチャンズ・チェーン（franchise chain；FC）……資本とノウハウ
　　を持った本部（フランチャイザー）が加盟店（フランチャイジー）となる
　　独立事業者に対して，ある地域内で商号・商標を使用する権利を貸与し，
　　直営店と同様に商品・サービスを供給・指導する代わりに，経営指導料
　　（ロイヤルティー）をとるもの。フランチャイズ組織ともいう。

　小売業は，①立地の選択，②店舗の管理運営，③マーチャンダイジング（商品政策，品揃え），④価格づけ，⑤売り場づくり，⑥店頭プロモーションの 6 つからなる小売ミックス（retail mix）を決める。このうち①の立地の選択に際しては，顧客が買い物のために出向する可能性のある地域的広がりである商圏を分析する必要がある。顧客が高頻度で出向する広がりを 1 次商圏，それよりも低頻度で出向する広がりを 2 次商圏という。

チェーン店の場合，出店地域を絞って特定の地域に集中的に出店するドミナント戦略（dominant strategy）がとられることがある。このドミナント化により，その出店地域での知名度が自然と上がる広告効果を狙い（その分，宣伝費用を節約できる），また店舗間の近接性による輸送・配送コストの効率化を図る。

こうした実店舗の店舗集積と同様に，EC（electronic commerce；電子商取引）ショッピング・モールのようなインターネット上の店舗集積も進み，出会いの場を提供するプラットフォーム型ビジネスモデルが浸透している。ここでプラットフォーム（platform）とは，たとえばツー・サイド・プラットフォーム（two-sided platform）の場合は，売り手と買い手のような2種類の顧客グループを結び付ける製品・サービスのことである。2種類の顧客グループは異なる評価基準・収益コスト構造をもち，市場の二面性（two-sided market）があるので，たとえば片方の顧客グループには出店料を求め，もう片方の顧客グループは無料化したりする。このようにプラットフォームは顧客間の取引を促すようなインフラと取引ルールを提供する。そのためプラットフォームを提供する企業はカタリスト（catalyst；触媒）とも呼ばれ，プラットフォームには，エンづくり機能，観客動員機能，コスト削減機能などが期待されている。

ツー・サイドの片方のサイドの顧客数が増加すると，その増加したサイドでのサイド内ネットワーク効果が働いたり，もう一方のサイドでプラットフォームの価値が変化するサイド間ネットワーク効果が働いたりする。ただし，こうした効果は，実はECショッピング・モールに限ったことではなく，実店舗の場合でもそのまま当てはまるので注意がいる。

また，顧客グループを2種類に限定せずに，マルチ・サイド化して多数の顧客グループが集うようにしたマルチ・サイド・プラットフォーム（multi-sided platform）も可能である。

【参考文献】宮副（2010）『流通論』第5章。宮崎（2011）『事業戦略』第4章・第9章。山本（2012）『マーケティング』第7章。

II

戦略・マーケティング

　日本の問屋の由来は，鎌倉時代に年貢米を運送，倉庫，委託販売をしていた問丸（といまる）に遡る。室町時代には問屋と呼ばれるようになり，江戸時代には業種ごとの問屋になり，都市で集積地を形成した。今の東京にも，浅草・蔵前（人形・おもちゃ），合羽橋（調理器具），御徒町（宝飾品）などに問屋街が残る。卸売業は営業範囲から全国卸と地方卸に分かれ，メーカーと直取引の1次卸，1次卸から仕入れる2次卸，さらに3次卸と細分化される。ただし，卸売業（wholesale）と小売業（retail）の比率をとった卸小売比率

$$\text{W/R 比率} = \frac{\text{卸売販売額} - \text{産業使用者向け販売額} - \text{海外向け販売額}}{\text{小売業販売額}}$$

で見ると，W/R 比率が高いほど，卸売業者間で販売が繰り返され，流通チャネルの段階数が多いことになるが，日本は 1960〜1980 年代は約3倍程度だったが，21 世紀には2倍を下回り，段階数が減り，短くなってきている。

　また卸売業は，メーカー向けに材料や機械設備を扱う生産財卸と消費者向け商品を扱う消費財卸に二分され，消費財卸はさらに，次のように分類される。

A）業種卸……江戸時代の問屋・仲買制から発達した酒類卸，米卸などの単品主体の卸売業。1990 年代以降「業種から業態へ」の地殻変動が起き，小売店の減少，建値制の崩壊，総合卸の勢力拡大などが重なり，業種卸の経営基盤は揺らいでいる。

B）総合卸（業態卸）……食料品と酒類というように複数の商品分野を扱う。GMS や CVS の大手小売業に対応すべく，営業エリアの広域化と総合卸への脱皮が求められた。

C）販社……メーカーの営業機能を担う卸売業者。専属卸契約や資本参加で系列化する。

D）特約店……メーカーと特約契約を結び，販売活動を任された卸売業者。

E）代理店……メーカーとの契約により，一定地域の販売権を得て販売を代

理する卸売業者。

F）商社（貿易商社）……貿易を主とする卸売業者。「ラーメンから航空機まで」といわれるように広範な分野の商品を扱う**三菱商事，三井物産，伊藤忠商事，住友商事，丸紅**などの総合商社と，特定分野の商材を扱う専門商社がある。

物流あるいはロジスティックス（logistics：兵站（へいたん））の基本機能には，次の6つがある。①輸送，②長期的または一時的な保管，③積み込み・積み下ろし・積みかえなどの荷役（にやく），④包装，⑤バーコード・ラベル貼付けなどの流通加工，⑥情報処理。このうち①輸送には，物流拠点から小売店などへの配送も含まれるが，近年，小売店が売れ筋商品を迅速に補充できるように多頻度小口配送が定着してきた。また，複数の物流機能を備えた物流センター（あるいは流通センター）は，（A）在庫をもつ在庫型物流センター（distribution center；DC），（B）在庫は持たずに，仕入先から納入された商品を各店舗に振り分けて配送する通過型物流センター（transfer center；TC），（C）生鮮食品の小分け加工や包装，値札付けといった流通加工を一括して行うプロセス・センター（process center；PC）の3つに大別される。

物流には次の4類型がある。（a）メーカーが部品などをサプライヤーから運び込むための調達物流，(b）顧客からの注文に応じて納品する販売物流，(c）店舗から仕入先への返品物流，（d）一度消費者に渡った商品を再利用，リサイクルする目的で集荷して再資源化拠点まで運ぶ回収物流（静脈の物流とも呼ばれる）。このうち（b）販売物流には，注文より前の販売準備段階での社内物流も含まれるが，多店舗展開している場合には，店舗間移動物流によって各店舗の商品在庫を調整し，各店舗での販売機会が失われないようにする。また，（a）調達物流では，納品率（発注した商品のうち実際に納品された商品の割合）を物流管理指標として，納品率の低い仕入先からの仕入を減らすところも多い。

【参考文献】宮副（2010）『流通論』第6章。粕谷（2019）『経営史』第10章。

● II-28 流通チャネルの変化 ■■■

　日本では1950年代にセルフ販売のSM業態が誕生すると，チェーン本部が卸売機能を担うチェーン・オペレーションに流通近代化への期待が高まり，流通革命といわれた。SM業態は1970年前後からGMS業態へと大型化・多店舗化・全国化し，1972年にはスーパー（SMとGMSなどの合算）のシェアが百貨店を上回った。こうして，中小小売業を保護するためにGMS業態の大型店を規制する大規模小売店舗法（大店法）が1974年に施行された。すると，今度はCVS業態の売上成長が著しくなり，2000年にはセブン-イレブン・ジャパンが小売売上高で日本一になる。その間，1989〜90年の日米構造協議を契機に揺り戻しもあり，20世紀末には，まちづくり3法と総称される

(a) 市町村の判断で中小小売店舗地区・高度商業集積地区といったゾーニングをできるようにした改正都市計画法（1998年）

(b) 中心市街地の空洞化を食い止めるためにタウン・マネージメント機関（town management organization；TMO）導入を目玉とする中心市街地活性化法（1998年）

(c) 大店法を廃止し，大型店出店を原則自由化した大規模小売店舗立地法（大店立地法）（2000年）

の3つの法律が施行された。2007年には，小売業の目指すべきビジョンとして，経済産業省が生活づくり産業を示した。

　全国的に展開されるメーカーのブランドはナショナル・ブランド（national brand；NB）と呼ばれるが，GMS業態・CVS業態の大手小売業は，取引量の多さを武器にメーカーに対して製造を依頼し，プライベート・ブランド（private brand；PB）またはストア・ブランドと呼ばれる自ら作ったブランド・ネームを冠した独自の商品を企画・開発し，販売するようになった。メーカー側も品目数やブランド数を集約するメガ・ブランド戦略を始め，販売促進費や広告宣伝費を売れ筋商品に集中投下するようになった。

ただし，小売業・卸売業・メーカー間の対立チャネル・コンフリクトは，協調的関係に転換しつつあり，たとえばCVS業態のセブン-イレブン・ジャパンのチーム・マーチャンダイジング（チームMD）の商品開発は，特定メーカーと小売業の製販連携（あるいは製販同盟）の事例である。これは，企業が特定多数の消費者と相互作用的かつ継続的に関係をもち，価値を創造・発信・提供していく関係性マーケティングの代表的なパターンでもある。さらに，卸売業者がメーカー機能や小売機能をもって，川上から川下まで流れを設計・管理する製造小売業（specialty store retailer to private label apparel；SPA）と呼ばれる企業群も存在する。

　また，メーカーと小売業・卸売業はEDI（electronic data interchange）を使って見積書・注文書・契約書・請求書といった意思表示情報を電子的に交換して共有化を図り，ロジスティックスの側面で効率と効果の向上を図っている。消費者の消費傾向の変化が著しいアパレル産業では，POS（point of sale）システム（販売時点情報管理システム）のデータや受発注データをオンラインで各段階に伝達し，生産計画や在庫計画に反映させるQR（quick response）が1990年代以降導入されている。それに刺激を受けた食品スーパーと加工食品メーカーが，そのコンセプトを加工食品の流通チャネルに応用したのが効率的消費者対応（efficient consumer response；ECR）である。1990年代末になると，QR, ECRの取組みをさらに発展させたサプライ・チェーン・マネジメント（SCM）の取組がさまざまな業界で活発化する。

　メーカーが希望小売価格（定価）を設定せずに，小売業者に市場の実勢価格に基づく小売販売価格の設定を委ねたオープン価格も1990年代には定着する。日用雑貨業界では，これまでの取引慣行を一新し，卸売業者が小売業者に小売支援業務を有償でメニューとして提案するメニュー・プライシングも導入され始め，その業務価格を試算するのにはABC（activity-based costing；活動基準原価計算）手法が使われる。

【参考文献】宮副（2010）『流通論』第7章・第9章。

III

生産・イノベーション

● III-1　生産管理

　生産管理の源流は**テイラー**（F. W. Taylor）の科学的管理法（scientific management）まで遡る。当時の工場は内部請負制が主流で，一括請負の職長（foreman；フォアマン，親方）が工場を管理していた。労働者は出来高払い賃金で，労働者が仕事に慣れて生産性が上がると，人件費が増えてしまうので，経営側は賃率の切り下げをした。そこで労働者側は，互いに抜け駆けを牽制し，ある程度の賃率を維持できる程度にのんびり働くようになった。テイラーはこれを組織的怠業と呼び，これを防ぐために，次のようないわゆるテイラー・システムを提唱した。

A）時間研究（time study）……熟練工の作業を要素作業に分割し，それにかかる時間をストップウォッチで測定して標準時間を求めて課業（task）を科学的に設定した。

B）差別的出来高給制度（differential piece rate system）……標準作業量を達成した場合には高い賃率，達成できなかった場合には低い賃率を設定した。

C）機能別職長制度（functional foremanship）……それまでの現場管理は，一人のフォアマンの経験と勘に任せる成行き管理だった。そこで生産計画部を設置し，機能別に手順係，指図票係，時間・原価係，監督係，準備係，速度係，検査係，保全係に分けてそれぞれにフォアマンを配置した。

　このうちBとCは結局うまくいかず，根付かなかったが，Aについては，**ギルブレス夫妻**（F. B. Gilbreth & L. M. Gilbreth）や**ガント**（Henry L. Gantt）らの貢献もあり，インダストリアル・エンジニアリング（Industrial Engineering；IE）へと発展していく。特に，ギルブレス夫妻の動作研究（motion study）は，人間の一連の作業をサーブリッグ（therblig；Gilbreth を逆さに読んだもの）と呼ばれる基本動作に分解し，余分な動作を省き，非効率な動作を改善するためのもので，時間研究とともにIEの礎となった。IEはフォード・システムやトヨタ生産方式の基礎にもなった。

いわゆる生産管理，プロダクション・マネジメント（production management；PM）は，従来から，このように，有形の製品をつくっている製造業を対象にしてきた。しかし近年，金融や流通のような無形のサービスまでをも対象にするようになり，オペレーション・マネジメント（operation management；OM）とも呼ばれるようになってきた。PM と OM を総称して P ＆ OM（production and operation management）または広義の OM と呼ばれることもある。

以上のような流れを踏まえて一般化していえば，生産管理とは，生産活動を対象とした管理手法だといえる。

(a) 生産要素（input）である人（man），機械（machine），部材（material）の3M を有用な財（output）である製品に変換する過程を掌握し，

(b) 品質（quality）の良い，原価（cost）を安く抑えた製品を，納期（delivery）に間に合わせて，フレキシビリティ（flexibility；柔軟性）をもって生産すること，すなわち，製品の QCDF を管理することで，利益を創出することを目的としている。

生産要素については，M でそろえて，3M に方法（method）と資金（money）を加えて 5M としたり，さらにマネジメント（management）と市場（market）を加えて 7M としたりすることもある。あるいは，P でそろえて，労働力（people），工場（plants），部品（parts），工程（processes），計画・統制（planning and control systems）で 5P ということもある。

ちなみに，高い水準で QCDF の管理を実現できている状態は，「良い流れ」にたとえられることが多い。顧客に向かって繰り返される生産要素の変換過程の連鎖が淀みなく行われるという状態だからである。流れに淀みが生じれば水は濁り（品質の低下），大量の水が流れれば洪水（過剰在庫）が起こる。その意味では，生産管理とは，良い流れづくりであり，流れが良くなれば，生産効率も向上する。

【参考文献】富田・糸久（2015）『生産管理』第 1 章・第 11 章。

III

生産・イノベーション

● III-2　製品・工程マトリックス ■ ■ ■

　生産システムの工程をモノの流れとしてフローチャートで表現したものを
工程流れ図（process flow chart）と呼ぶが，工程流れ図は次の3類型に分類
される。

A）単線型……ネジのような比較的単純な部品に見られる生産システムで，
　　一つのインプット（ネジなら線材）から始まり，一つのアウトプット（ネ
　　ジ）が作られる。

B）ヒエラルキー型……複数の部品から構成される組立製品に見られる生産
　　システム。最初，それぞれの部品の生産システムが並行して流れた後で，
　　組立のところで合流する生産システム。

C）分解型……たとえば各種石油製品は原油から分解してつくられる。イン
　　プットは一つ（原油）だが，原油は製油所の加熱炉で加熱され，石油蒸
　　気になって，蒸留塔で沸点の違いによって，ガソリン（30〜180℃），灯
　　油（170〜250℃），軽油（240〜350℃），重油・アスファルト（350℃以上）
　　に分解され，多様なアウトプット（石油製品）になる。

　他方，工場内における工程の空間的レイアウトは，次のようなものがある。

イ）万能型レイアウト……小規模工場で，各工程を処理する機械が1台ずつ
　　しかない場合。それらの機械を駆使して（万能というよりも柔軟に対応す
　　ることで）どんな製品でも作る。

ロ）機能別レイアウト……同じ工程を処理する機械を機能別にまとめて配置
　　する。ジョブ・ショップ（job shop）ともいわれる。同じ機械で色々な製
　　品を生産するので，製品ごとにリード・タイムが異なり管理が難しい。
　　また，製品が変わると，次の製品用に機械を設定し直す段取り替えが発
　　生する。一般に，同じ段取りの主活動をまとめれば，段取り活動を共有
　　できて節約できる。そのため，工程ごとにある程度まとまった量のバッチ
　　（batch）またはロット（lot）を生産することで段取り替えを抑え，効率を上げ

るような工夫が要る。機械部品やプラスチック部品などが典型例。

ハ）**製品別レイアウト**……同じ製品をつくる機械を並べて製品別に配置する。一般には，製品ごとに加工・組立順序に従い生産設備を直線的に配置する。ただし，製品の変化には対応しにくい。自動車の組立ラインが典型例。

そこで，

A）**製品タイプ**（製品の多様性と生産数量）として，一品生産，多品種少量生産，中品種中量生産，少品種大量生産，一品種大量生産

B）**工程タイプ**として，プロジェクト，ジョブ・ショップ，バッチ・フロー，ライン・フロー，連続フロー

を考え，横軸に製品タイプ，縦軸に工程タイプをとった製品・工程マトリックスを作ると，工程タイプは製品タイプに応じて有効なものが異なり，次のように，ほぼ対角線上に適合領域があるとされている。

① 一品生産⇒プロジェクト（例：注文住宅）

② 多品種少量生産⇒ジョブ・ショップ（例：機械加工部品）

③ 一定量まとめて**中品種中量生産**⇒バッチ・フロー（batch flow）（例：プレス成形部品）

④ 大ロットの組立製品を**少品種大量生産**⇒ライン・フロー（line flow）（例：自動車）

⑤ 液体などを連続的に流す**一品種大量生産**⇒連続フロー（continuous flow）（例：板ガラス）

ただし，最初からこうだったわけではなく，①〜⑤は，試行錯誤を繰り返してたどりついた到達点なのである。たとえば自動車組立は，初期は定置組立方式のプロジェクトだったが，より有効なものを探して，ジョブ・ショップ，バッチ・フローを経て，試行錯誤の末，**フォード**自動車の移動組立方式でようやくライン・フローにたどりついた。

【参考文献】 富田・糸久（2015）『生産管理』第2章。宮崎（2011）『事業戦略』第3章。

● III-3 フォード・システム ■■■

　大量生産システム（mass production system）の源流は，専用工作機械で互換性部品を製造する19世紀のアメリカ式製造システム（American system of manufactures）に遡る。18世紀初め，米国兵器産業では，大量に安く生産するためではなく，むしろコスト高でも，戦場で故障した銃を解体し，壊れていない部品を再組み立てすることで再生するために，部品の互換性（inter-changeability）が追求された。この部品互換性のコンセプトは19世紀前半から半ばにかけて，ミシン，タイプライター，刈り取り機などに伝播していき，複数製品間での部品の共通化も図られていった。ただし，専用工作機械を入れて部品を作っているのだが，当時の加工精度ではまだ不十分で，工場ではフィッター（fitter）と呼ばれるやすり工が必要だった。

　フォード（H. Ford）が1903年に設立した**フォード自動車**が構築した生産システムはフォード・システムと呼ばれた。フォード自動車は1903年から1908年までに8モデルの新車を市場に投入したが，当時は汎用の工作機械を使い，組立ステーションごとに1台ずつ固定して複数の組立工チームが巡回しながら自動車を組み立てていく「人間が仕事のある場所に行く」定置組立方式（stationary assembling；あるいは静止組立方式）で生産していた。部品は組立工が部品ステーションにとりに行っていた。後に運搬工が組立ステーションに配るようになったが，依然としてフィッターが必要だった。

　そして，1908年にT型フォードが発売される。舗装されていない道に適して軽量で耐久性にすぐれたT型は大ヒットし，それから20年間，1927年までに1500万台も生産された。その間，部品・治工具の標準化，専用工作機械の開発で加工精度を高めて部品互換性を実現し，1913年には作業の細分化，工程レイアウトの再設計とコンベアによる運搬の自動化によって，今度は（仕事を人間のいる場所に持ってくる）移動組立方式（moving assembling）に変えて，大量生産を可能にした。これらを総称してフォード・システムと呼ぶ。

自動車（正確にはボディ組付前の車台，当時は車台だけでも販売していた）1台を組み立てるのにかかった労働時間の平均は，定置組立方式の時は最良でも12時間28分（1913年8月）かかっていたが，移動組立方式では1時間33分（1914年4月）と8分の1でできるようになった。その裏で，当時のフォード社の離職率は月40％にもなっていたので，1914年1月に，破格の高賃金の日給5ドル制（the five-dollar day）を宣言し，労働者をつなぎとめた。

　こうして20年間，フォード自動車はT型を作り続けた。1923年（T型フォード年産200万台のピーク時）のハイランド・パーク工場では，近郊の需要に見合う12万台（6％）のみを組み立て，あとは全米29，全世界で37の組立分工場に対し，部品の形でほぼ全量を供給し，輸送費を節約した。発電所も製鉄所も製材所もガラス工場もあった内製化の象徴リバー・ルージュ工場と併せて，生産性を極限まで追求した。しかしその結果，生産システムがT型に特化して硬直化し，柔軟性を失う。これを生産性のジレンマ（productivity dilemma）という。実際，T型の次のA型にモデル・チェンジする際，半年も工場が閉鎖され，完全操業再開までに1年以上もかかり，工作機械の半分はT型専用だったために廃棄・放置された。それに対し，米国ゼネラル・モーターズ（GM）はフレキシブル大量生産システム（flexible mass production system）を確立し，フォード自動車に取って代わっていく。T型フォードのライバル車種だったGMのシボレーは，毎年モデル・チェンジを行い，デザインと性能を向上させていった。1929年には，エンジンを4気筒から6気筒に大型化するモデル・チェンジをわずか3週間で成し遂げた。

　1980年代になると，フレキシブル大量生産システムは，日本の**トヨタ自動車**が始めたJIT（just-in-time）によってさらなる発展を遂げる。JITは日本のTQC（Total Quality Control）と併用され，トヨタ生産方式やリーン生産方式として，世界中の企業の手本となっている。

【参考文献】富田・糸久（2015）『生産管理』第11章。山田・佐藤（2014）『マクロ組織論』第6章。高橋（2020）『経営学入門 第2版』第10章。

● III-4　JIT

　トヨタ生産方式の主要な構成要素である JIT（just-in-time）とは，「必要な物を，必要な時に，必要なだけ」作ることで，製品在庫だけでなく工程間に滞留する仕掛品在庫も削減し，淀みのない流れを実現するための考え方である。**トヨタ自動車**は 1933 年に**豊田自動織機製作所**（現 豊田自動織機）の自動車部門として始まり，1937 年に自動車会社として独立した。JIT の原点は，その 1930 年代，トヨタ自動車の創業者である**豊田喜一郎**の思想にまで遡り，1950 年代にトヨタ自動車の技術者**大野耐一**によって体系化された。

　従来，工場では，前工程が後工程に，たとえば部品工程が最終組立工程に部品を供給すると考えていたが，大野は逆に，後工程が「必要な物を，必要な時に，必要なだけ」前工程に引き取りに行くと考えた。これを後工程引き取りといい，引っ張り方式またはプル型（pull system）と呼ぶ。前工程は後工程に引き取られた分だけ補充するので，これを後補充と呼ぶ。その際に活躍するのが，「生産指示かんばん」と「引き取りかんばん」のセットで使う循環伝票（カード）で，

① 後工程は，部品がなくなったら，「引き取りかんばん」と空の部品箱（コンテナ）をもって，前工程の部品置場（ストア）に行く。

② 後工程は，ストアで「引き取りかんばん」と同数の部品箱を引き取り，部品箱の「生産指示かんばん」を取り外してポストに入れ，引き取った部品箱一つ一つに「引き取りかんばん」をつける。

③ 前工程は，ポストに置かれた「生産指示かんばん」の順に部品を生産し，できたら部品と「生産指示かんばん」をストアの部品箱に置く。

といった具合に使われて，かんばん方式といわれる。かんばんが前工程と後工程の間を行き来し，「つくりすぎのムダ」を排除する。これで，部品メーカーから自動車メーカーへの連鎖は顧客の注文情報にまでつながるので，顧客からの注文が入った分だけ生産が行われることになり，部品も含めて無駄

な生産と過剰在庫を排除できることになる。

　それに対して，事前に立てた計画に従って，前工程から後工程に向かって製品を押し出していく方式は，押出方式またはプッシュ型（push system）と呼ばれる。そんなプッシュ型の大量生産工場を舞台にした小説『ザ・ゴール』（1984 年）で，ゴールドラット（E. M. Goldratt）は TOC（Theory of Constraints：制約条件の理論）を提唱する。わかりやすく単線型の工程流れ図を考えてみよう。実はすべての工程の生産能力（日当たり，月当たり，年当たりといった所定時間内に生産できる最大数量）は同じではない。一番生産能力の低い工程をボトルネック（bottleneck：隘路）と呼ぶが，このボトルネックがシステム全体の生産能力を決めている。プッシュ型の場合，ボトルネックの工程の前には仕掛品在庫がたまっていくので一目瞭然である（プル型の場合には，ボトルネック工程以外に手待ち時間が出る）。

　そこでとりあえず，ボトルネック工程はフル稼働してもらわないとシステム全体の生産能力が落ちてしまう。そのため，他の工程はボトルネック工程の生産ペースにタイミングを合わせ（ドラム/太鼓），ボトルネック工程が止まらないようにボトルネック工程の上流に仕掛品在庫（バッファー/緩衝）を積み，それより上流の工程は結び付けて同期化（ロープ/綱）を図るドラム・バッファー・ロープ（drum buffer rope；DBR）という方策がとられる。

　しかし，単純に作業スピードを上げると，品質不良や労働争議につながる危険もある。そこで，付帯する時間（付随作業時間）とムダな時間を極力減らしていき，価値を生んでいる正味作業時間の割合を増大させる必要がある。それでもボトルネックを解消できないのであれば，設備投資をして生産能力を増強することになるが，設備を増やせば，当然のことながら固定費も増えてしまうので注意がいる。いずれにせよ，一つのボトルネックが解消すると，今度は別の工程（次に生産能力の低い工程）がボトルネックになるので，こうした良い流れづくりは継続的に行われるべきものである。

【参考文献】富田・糸久（2015）『生産管理』第 3 章・第 7 章。

● III-5　生産性指標　■ ■ ■

　一般にインプット（投入）に対するアウトプット（産出）の比率のことを生産性という。生産性を表す指標としては，次のようなものがある。

(a) 労働生産性……1人当たり年間生産量，1人・1時間当たりの生産量など。これらの逆数，たとえば，製品1個当たりののべ投入労働時間（人・時/個）は，工数と呼ぶ。

(b) 資本生産性……設備1台当たり年間生産量，設備1台・1時間当たりの生産量など。設備生産性と呼ぶこともある。

(c) 原材料生産性……原材料1単位当たりの製品産出量，製品1単位当たりの原材料投入量など。前者を歩留まり，後者を原単位と呼ぶこともある。

　さらに，工場の生産性を表す指標，より正確にいえば，生産システムにおいて良い流れづくりができているかを測る指標としては，次のようなものがよく用いられる。

A）生産能力……日当たり，月当たり，年当たりといった所定時間内に生産できる最大数量。

B）稼働率……生産能力に対する生産実績の割合。生産能力と同量を生産したら稼働率100%。したがって，残業や休日出勤をして生産すると稼働率が100%を超えてしまうこともある。

C）サイクル・タイム（cycle time）……製造途中の仕掛品（しかかりひん）が一つの工程で要する作業時間。タクト・タイム（takt time；生産工程の均等なタイミングを図るための工程作業時間・ピッチ）とは違う。特に，一つの生産ラインで複数品種の製品をつくる混流の場合は，同じタクト・タイムでラインを流していても，当然，品種によってサイクル・タイムは異なる。

D）スループット・タイム（throughput time）……原材料が初工程に投入（input）されてから，最終工程から完成品として産出（output）されるまでにかかる時間。

E）リード・タイム（lead time）……ある活動の開始時点から終了時点までの時間。たとえば、生産リード・タイムといえばスループット・タイムのことになる。この他にも、発注してから納品までの納入リード・タイム、製品の企画開始から開発完了までの製品開発リード・タイム、製品を出荷してから顧客に納品されるまでの流通リード・タイムなど。

F）アイドル・タイム（idle time）……前工程から仕掛品が来ないために発生する手待ち時間。

G）ダウン・タイム（down time）……ある工程の設備が故障などで止まっている時間。一時的に設備を止めて機械や部品の動作確認をするチョコ停（ちょこっと停止）は含まない。

H）可動率（＝1－故障率）……設備を動かしたいときに故障なしに正常に動いてくれた時間の割合。「かどうりつ」と読むが、稼働率と区別し「べきどうりつ」とも呼ばれる。

I）段取り替え時間（セットアップ・タイム；setup time）……機械設備、工具、治具などを準備したり、元の状態に戻したりするために必要な時間。品種切り替えの際に生産の中断を伴う内段取りは、生産しながら並行して行う外段取りに変える内段取りの外段取り化ができれば、稼働率が向上する。

J）不良率……全アウトプットに占める不良品の割合。良品の割合は良品率という。

K）歩留まり（ぶどまり；yield rate）……インプットから期待される全アウトプットに占める良品の割合。

L）直行率……生産ラインの途中で作業不良・部品不良のためにライン外に出されたりせずに、初工程から最終工程まで順調に一発で良品ができた割合。ちなみにライン外に出されたものは、修正工程あるいは前工程に後戻りして修正される。

【参考文献】富田・糸久（2015）『生産管理』第2章・第5章。

● III-6　品　質

　日本の国家標準である JIS（Japanese Industrial Standards；日本工業規格と呼
ばれてきたが，法改正に伴い 2019 年から日本産業規格に改称）によれば，品質
（quality）とは「品物またはサービスが，使用目的を満たしているかどうか
を決定するための評価対象となる固有の性質・性能の全体」（JIS Z8101）と
されている。

　一般に，品質は次の 3 つの概念で捉えられる。

A）設計品質（design quality）……製品の設計段階に意図された品質。形状，
　　外観，材質，機能・性能，特性など図面に記載された「製造の目標とし
　　てねらった品質」（JIS の定義）。「ねらいの品質」ともいわれる。

B）適合品質（conformance quality）……「設計品質をねらって製造した製品
　　の実際の品質」（JIS の定義）すなわち「できばえの品質」のことで，製
　　造品質ともいわれる。

C）総合品質（total quality）……A と B を合わせた品質。

　品質管理は，広義には，品質条件を満たすためのマネジメント全般を意味
するが，狭義には，部品やシステムが品質要件を満たしているかどうかを出
荷前までに確認する活動を意味している。良い流れづくりという観点から，
狭義の品質管理を見ると，次のようになる。

（1）受入・出荷検査……品質要件確認の基本は，生産システムの最初と最後
　　に検査工程を入れることである。最初に，供給者から工場に入ってきた
　　部材が品質要件を満たしているかを確認するのが受入検査，最後に，工
　　場から顧客に出荷される製品が品質要件を満たしているかを確認するの
　　が出荷検査である。検査では，たとえば許容値の最大値と最小値の間に
　　あれば良品ということになる。ただし，同じ部品であっても，使用目的・
　　使用環境によって求められる品質のレベルが異なり，許容値の最大値と
　　最小値の差のことを公差（tolerance）というが，公差が小さいほど，品

質条件は厳しくなる。出荷検査で不良が見つかった場合は，直せるもの
は直して，再度出荷検査をする。こうして出荷までに発見された不良品
のことを内部不良といい，出荷後に発見された不良品である外部不良と
は区別される。検査は，本来的には**全数検査**をすべきだろうが，非破壊
検査が難しかったり，可能であってもコスト的にかかり過ぎたりすると
抜き取り検査を選ぶことになるので，その場合は外部不良を完全には防
げない。

(2) **自主検査**……途中の工程で不良が発生して，そのまま流れて行って，最
後の出荷検査で不良品として発見されるのでは，それまでの作業がムダ
になってしまう。そこで，作業員自ら自工程内で自主検査し，不良を発
見したら，その場で直した方がいい。これを品質の作りこみという。
JIT と並んでトヨタ生産方式の二本柱の一つ**自働化**は，不良品や異常を
検知した作業者が自ら直ちにラインを停止する仕組みを指す。

(3) **保全活動**……故障なく永久に動き続ける機械はない。横軸に時間，縦軸
に故障率をとると，最初と最後に故障率が高くなる**バスタブ曲線**になる
といわれるので，特に，初期故障と経年劣化による故障には要注意であ
る。そこで，トラブルが起きてから，あわてて事後対応するのではなく，
定期的にメンテナンスを行い，トラブルを未然に防ぐ保全活動をする必
要がある。これには設備の点検やメンテナンスを担当する熟練した保全
工を育てておく必要がある。

新製品の投入，生産量の急激な増大，仕様変更，段取り替え，新入作業員
のライン投入など，いつものルーチン・ワークから何らかの変化のあった事
象を**変化点**という。品質管理上，変化点には特別な注意が必要になる。工程
同士は相互依存関係にあるので，影響は生産システム全体に及ぶ可能性があ
り，変化点が発生した場合には，現場の管理者を中心に，いつも以上に緊張
感をもって，検査を厳しくする必要がある。

【**参考文献**】富田・糸久（2015）『生産管理』第4章・第7章。

　品質管理は，シューハート（W. A. Shewhart）が1924年に考案した管理図（control chart；下記参照）に遡る。全数検査の代わりに統計学を駆使して抜き取り検査で済ませる統計的品質管理（Statistical Quality Control；SQC）の先駆けとなった。戦中に米国で発展したSQCは，戦後，デミング（W. E. Deming）が来日，指導して広まり，**日本科学技術連盟**（日科技連）は1951年にデミング賞を創設した。ジュラン（J. M. Juran）も1954年に来日して，品質の作りこみの方向性を示した。

　こうして，1960年代には，日本独自の品質管理のための取り組みが始まる。管理サイクルの一種である計画（plan）→実施/実行（do）→点検/評価（check）→処置/改善（act）の4段階からなるデミングのPDCAサイクルを回す主体としてQCサークルを作り，小集団活動が行われるようになったのである。そして日本企業は全社的品質管理（company wide quality control；CWQC）としてTQC（total quality control）を発展させた。

　QCサークルでは現場の作業者も使える統計ツールとして次のQC七つ道具が使われる。

① 　パレート図……不良や問題などの原因ごとに集計し，頻度の多い順に並べて，棒グラフと累積比率折れ線グラフで示したもの。重要な問題が視覚的にわかる。

② 　特性要因図……不良をもたらす要因を魚の骨のような樹形図で整理したもので，フィッシュボーン・チャートともいう。人・機械・材料を枝にした原因層別型と根本原因に訴求していく原因追求型がある。

③ 　ヒストグラム……棒の面積で度数を表すグラフで，適合品質のバラツキを見るのにも使われる。これで平均からの乖離が小さく，急峻な山形のグラフほど工程能力（工程の均一性）が高い。

④ 　チェックシート……現場で素早く記入できるように，表側に点検項目，

表頭に発生工程，日時，人などをあらかじめ記載したもので，発生件数をカウントするのに用いられる。

⑤　管理図……ある特性値を縦軸にとり，時系列に沿って折れ線グラフで描き，管理限界（上限と下限）内に収まっているのかを確認する図。管理限界の上限・下限は，中心線の上下に標準偏差の3倍すなわち3σ（しぐま）でとることが多い。

⑥　散布図……横軸に変数x，縦軸に変数yをとって，データを点で記入したもので，変数xとyの相関関係が視覚的にわかる。

⑦　層別……収集したデータを意味のあるグループ（層），たとえば日，曜日，月，季節といった時間毎，個人，シフト，技能，経験年数といった作業者毎に分類すること。

　1970年代から80年代にかけて，日本製品は高品質を武器に大量に輸出され，日米製品の競争力が逆転した。米国では，日本企業のTQCの重要性が再認識され，1987年に米国版デミング賞といわれるマルコム・ボルドリッジ国家品質賞（MB賞）が創設され，米国でも品質管理がブームになった。日本でも日本版MB賞として**日本生産性本部**が1995年に日本経営品質賞（Japan Quality Award；JQA）を創設した。どちらも製造現場に限定されない経営戦略を含む全社的な取り組みを評価する枠組みになっている。日科技連も1996年にはTQCをTQM（Total Quality Management）へと変更している。

　日本の品質改善活動では「標準なくして改善なし」といわれ，現場で，まず標準（standard）を設定した上で，それを改善していく。そのために，デミングのPDCAサイクルを回していく。それを米国流にアレンジしたシックスシグマでは，「100万回の作業を実施しても不良品の発生を3.4回に抑える」ことをめざし，定義（define），測定（measure），分析（analyze），改善（improve），管理（control）のDMAICのサイクルを回していく。

【参考文献】富田・糸久（2015）『生産管理』第4章・第11章。高橋（2015）『経営統計学』第2章・第3章・第6章。高橋（2020）『経営学入門 第2版』第15章。

　簡単に言えば，販売価格から生産にかかった原価を引けば利益になる。販売価格をそのままにして原価を下げられれば利益は増えるし，原価を下げられた分だけ販売価格を下げれば販売量が増えて利益を増やせるかもしれない。いずれにせよ原価を抑えることは重要で，その管理をするのが，原価管理またはコスト・マネジメント（cost management）である。

　製品の原価は総原価と呼ばれ，製造原価と営業費からなる。このうち製造原価は，次の3つからなる（この他にも，製品の外注加工費などの直接経費がかかることがある）。

(a)　直接材料費……製品に直接用いられる原材料の調達費用

(b)　直接労務費……製品の生産に直接かかわる人件費

(c)　製造間接費……賃借料，減価償却費，福利費，旅費交通費など

　一見，単純明解そうだが，工夫しないと原価を計算できない。なぜなら，(a) 直接材料費は生産量にほぼ比例する変動費だが，(b) 直接労務費や (c) 製造間接費は生産量と連動しない固定費だからである。それでも (b) 直接労務費も (c) 製造間接費も，工程毎の標準配賦率を算出して各工程に配賦する（割り付ける）ことで，あたかも変動費であるかのようにして，製品1個当たりの原価を計算する。これを標準原価計算という。

　この他にも，

A）ABC（activity-based costing；活動基準原価計算）……製造間接費が占める割合が大きくなったことを受けて，従来のような工程別ではなく，「金型の切り替え」などの活動（activity）別に費用を集計し，それからその活動別に把握された費用を各製品に配賦する方式。

B）スループット会計（throughput accounting）……標準原価計算は全部原価計算なので，生産量さえ増やせば，たとえ売れなくても製品1個当たりに配賦される固定費が減り，見かけ上原価が下がるが，売れなければ利

益にはならない。そこで，売上高から直接材料費を引いて得られるスループットのレベルで製品1個当たりの利益を把握する方式。直接材料費以外はすべて業務費用としてプールし，製品別の配賦はあえてしない。

ただ，標準原価計算では，目標として設定した標準原価と実際に要した実際原価との間には差異が生じることがあり，それを標準原価差異と呼ぶ。その原因を

(a) 直接材料費の場合は価格差異と数量差異に分けて

(b) 直接労務費の場合は賃率差異と作業時間差異に分けて

差異分析することで，標準原価の実現を図ることを原価維持と呼ぶ。

原価管理は，狭義には，この原価維持を指すが，広義の原価管理は，生産の条件を見直すなどの原価低減努力によって標準原価そのものを改善する原価改善と製造の企画・開発段階から目標原価を設定する原価企画を含んでいる。

こうした原価概念の応用としては，損益分岐点分析（Cost Volume Profit Analysis；CVP分析）がある。縦軸に売上高・費用・利益の金額をとり，横軸に販売量をとると，売上高は販売量に比例するので，販売量がゼロなら売上高もゼロになる。ところが，総費用の方は，販売量がゼロでも固定費は常にかかるので，その分が赤字（損失）になってしまう。しかし，1個当たりの販売価格が変動費を上回っていれば，販売量さえ増えていけば，やがて売上高線と総費用線は交わり，そこで収支が釣り合う。その点を損益分岐点（break-even point）と呼ぶ。販売量がそこを超えると，今度は売上高線が総費用線を上回り，黒字（利益）が出るようになる。つまり，販売量が損益分岐点に到達すると，利益が出るようになるのである。そこで，この損益分岐点に到達するまでに要する期間のことを損益分岐期間（break-even time；Bt）と呼ぶこともある。

【参考文献】富田・糸久（2015）『生産管理』第5章。宮崎（2011）『事業戦略』第3章。高橋（2015）『経営統計学』はじめに。

　納期（delivery）には，納入期日の意味と注文してから納入されるまでの納入期間の意味の2つの意味がある。日用品のように店頭になければ買わない（注文しない）という納入期間ゼロの場合は見込生産方式，注文住宅のように納入期間が長い場合には受注生産方式が採られる。

A）見込生産（make to stock）……需要を見込んで立てた生産計画に基づいて生産を行う。この場合，小売業者の店頭で品切れを起こさないように，ある程度製品を作り置きしておき，小売業者に一定量の店頭在庫を置けるように生産計画を立てていく。（この場合，小売業者の店頭に置いてもらえるようにするという営業努力が前提になっている。）

B）受注生産（make to order）……顧客から注文を受けてから生産を開始し，納入期日までに納入する。（「注文を受けたらすぐに生産を開始する」という意味ではない。）

　いずれにせよ，生産量を販売量・受注量に完全に一致させることはできないので，見込生産の場合は製品在庫，受注生産の場合は受注残がバッファーになる。ただし，受注生産とはいっても，原料や部品は見込生産のものを使うことが多く，そこには原料在庫も部品在庫も存在する。このとき，見込生産から受注生産に切り替わる生産工程のことをディカップリング・ポイント（受注引当ポイント）という。

　こうした納期と生産数量の管理を主目的とするのが工程管理で，機能的には，次の生産計画と生産統制からなる。

（a）生産計画（production planning）

　　①　手順計画……工程設計・工程計画（製品・工程マトリックスのように製品に適した生産方式の選択），作業設計・作業計画（加工・組立の作業手順・条件の設定）

　　②　工数計画……負荷工数（必要となる人員・設備）を，たとえば機械

別に工数を積み上げる形で算出し（工数山積（やまづみ）表という
グラフなどを使う），生産能力との差（過不足）がある場合は対応
する。

③ 日程計画……生産計画の中核で，次の3段階に分けられる。

   (a) 計画期間半年〜1年の大日程計画。

   (b) 計画期間1〜3カ月の中日程計画……生産完了日に対して基準
日程（工程通過に要する平均日数）を考慮した基準生産計画
(master production schedule)。

   (c) 計画期間1週間〜10日の小日程計画……個人別作業予定表（ガ
ント・チャート）などを用いたスケジューリング（scheduling）。

④ 人員・設備計画

⑤ 材料・外注計画……定量発注方式や定期発注方式では急な需要変動
やモデル・チェンジに対応できない場合には，コンピュータを使っ
て，製品を部品展開して正味所要量・発注予定日を算出する資材所
要計画（materials requirement planning；MRP）も用いられる。

(b) 生産統制（production control）

① 製作手配……生産計画，特に小日程計画に基づき製造現場に製作を
手配する。

② 差立（さしだて）……主に小日程計画で現場管理者が作業者に作業
割当，作業準備，作業指示，作業指導を行う。差立盤に名札と作業
伝票を差し立てて指示を出す。

③ 進度管理（進捗管理）

④ 余力管理……余力（＝生産能力－現在の負荷工数）を把握・管理する。

⑤ 現品管理……現品が今どこにいくつあるのか所在を把握する。

⑥ 資料管理……日々の生産実績を記録し将来の計画に必要な資料を作
り，関連部署に提供する。

【参考文献】富田・糸久（2015）『生産管理』第6章。高橋（2015）『経営統計学』第2章。

III

生産・イノベーション

　生産システムの外部環境や内部構造が変化したとき，そのショックを吸収してシステム自体の機能を安定的に保つ適応能力すなわちフレキシビリティ（flexibility；柔軟性）が求められる。外部環境の変化には，景気変動や季節変動のような規則変動だけではなく不規則変動もある。それへの対応として生産の平準化が行われる。平準化とは，製品の単位時間当たりの生産量を一定にすることであり，次のように，A）総量の平準化とB）品種別数量の平準化の2つに大別される。

A）総量の平準化……単位時間当たりの生産量を一定にする。そのためには，需要の小さいときに在庫を積み増し，需要の大きいときには在庫を取り崩す。ただし，これは在庫という余剰資源（組織スラック）をもつことになり，つまりはコスト増を意味する。

B）品種別数量の平準化……小ロット生産で混流生産，究極には1個流しの混流生産を行う。1個流しとは，1個を加工したら次工程に送る方式で，工程間に仕掛をつくらずに1個ずつ流していく生産方式である。ただし，これには，次の（a）（b）のように，製品毎の工数差（手待ち時間につながる）を吸収する必要，すなわち生産ラインの同期化をする必要がある。

　（a）生産ライン内での工数差吸収

　　①　作業の標準化によって作業進捗スピードのずれを最小限に食い止める。

　　②　多能工化によって，前工程で作業遅れが生じた場合，後工程の作業者が手伝えるようにする。そのためには，前後の工程もジョブ・ローテーションで経験させておく必要がある。

　（b）生産ライン外での工数差吸収……ラインの「組立」作業者とは別に設けた部品の「選択」作業者にピッキング・ラインから部品を選択させ，製品毎に専用のボックスに入れて部品セット供給（set parts supply；SPS）させる。

　JIT は，このような変種変量生産を行いながら，在庫を削減し，淀みのない流れを実現する生産方式としても広く知られているが，他にも次のようなフレキシビリティを高める方法がある。

(1) 期間工……一時的に人員が必要な工程に対して，期間の定めのある労働契約を結んだ非正規社員「期間工」を雇い，人件費を変動費化する。期間工は，契約社員，期間従業員，期間契約社員，アルバイト，派遣社員などとも呼ばれる。近年，こうした期間工の割合は増大する傾向にあり，これまで正社員が時間外のボランティア活動として取り組んできた QC サークルを所定時間内の正規の活動としてコストをかけて実施する必要が出てきて，それを嫌って，QC サークルをやめてしまうところもあり，長期的な組織能力の低下を招くおそれがある。

(2) セル生産方式……1994 年にソニーが作業者の周りに作業台等をコの字型に並べ，一つの区画を自己完結型にして「ワークセル（働く細胞）生産方式」と呼んだのが名前の由来。これは一人生産方式（一人屋台生産方式）とも呼ばれる。この他にも，U 字型に配置して，作業者が製品を台車に載せて巡回して一人で組み立てていく巡回方式（うさぎ追い方式）や，数人の作業者が分業して行う分割方式などがある。

(3) プラットフォームの共有化……製品の基本部分を共有化する。自動車でいえば，基幹車種を決めて，ボディ以外の車台が同じ車種を，ボディだけ変えて派生展開する。ただし，当然のことながら，派生展開とはいっても，この方式だと類似製品しか作れないので，顧客に魅力的な商品展開ができないという問題点がある。

(4) モジュールの共有化……プラットフォームの共有化では類似製品の派生展開しかできないが，部品レベルのモジュールであれば，製品のセグメントを横断して共有化できる。

【参考文献】富田・糸久（2015）『生産管理』第 7 章。

● III-11　サプライヤー・システム ■ ■ ■

　1979 年の第 2 次石油危機でガソリン価格が高騰し，燃費に優れた日本の自動車が台頭し，米国ビッグ・スリー（GM，フォード，クライスラー）は凋落して日米逆転が起きた。日本の競争優位を支えるのが，組立メーカー（自動車メーカー）とサプライヤー（部品メーカー）からなる部品取引のサプライヤー・システム（supplier system）いわゆる系列取引である。当時の日本の自動車メーカーは部品の 7 割を外部調達していたが，GM は内製 7 割だったので，社内の部品事業部を分離して部品のアウトソーシングを進めた。しかし本質的な違いは取引関係にあった。部品は，カタログ品の市販部品とカスタム部品に大別されるが，製品の統合性（product integrity）が求められる自動車では，ほとんどがカスタム部品となる。米国自動車メーカーは，競争入札で安い部品メーカーを選定し，短期間の取引契約を結んでいたが，これが機会主義（opportunism）的に相手を出し抜いて己の利益に走る行動と相互不信を招いていた。

　それに対して，日本のサプライヤー・システムは自動車メーカーの組立工場を頂点に，組立工場に部品を供給する一次部品メーカー，一次部品メーカーに部品を供給する二次部品メーカー……というピラミッド型階層構造をとり，自動車メーカーは，特に，一次部品メーカーとは長期継続的取引関係を築いていた。その際，自動車メーカーが部品の基本設計・詳細設計を行い，部品メーカーに設計図面を貸与して製造だけを任せる貸与図方式と，自動車メーカーが提示した基本設計をもとに，部品メーカーが詳細設計を行い，自動車メーカーの承認を受けて部品の製造を行う承認図方式があるが，日本の一次部品メーカーの大部分が承認図方式で取引していた。しかも，部品メーカーのエンジニアが，ゲスト・エンジニアとして自動車メーカーの開発施設に一定期間常駐し，製造性（manufacturability；作りやすさ）とコスト削減のための設計変更を提案し，作り勝手のよい部品設計を可能にしている。自動

車の製品アーキテクチャは，インターフェイスが標準化しているモジュラー型アーキテクチャではなく，部品間の相互調整，すり合わせで乗り心地が違ってしまうインテグラル型アーキテクチャなので，長期継続的取引関係が重要になる。

ハーシュマン（A. Hirschman）は，業績悪化に直面した経営者は，顧客が退出（exit）または発言（voice）することで，その欠陥に気づくとした。米国では両者は一定距離の関係（arm's length relationship）を保つ退出型だったが，日本では長期継続的関係の下での発言が改善を促進してきた。実は，様々な理論が，このように，取引が長期継続化することのメリットを説いている。社会ネットワーク分析の埋め込み（embeddedness）理論によれば，制度への信頼，能力への信頼，意図への信頼（善意への信頼を含む）とより高次の信頼の存在によって，機会主義的行動が抑制され，取引関係が安定するという。協調行動の進化モデルによれば，囚人のジレンマ状況でも，未来の重さ（これからも付き合う確率）が大きければ，機会主義的より協調的な行動パターンが有利になる。このことは特に日本企業で顕著で，未来の実現への期待に寄りかかって意思決定をする未来傾斜原理が働くようになる。

トヨタ自動車は 1952 年にサプライヤーの組織である**協豊会**に所属する企業に中小企業庁の企業系列診断制度を活用し，従来の受入検査のみで機会主義的だった関係を超えて，部品生産工程での品質の作り込みまで踏み込むようになった。1960 年代には，全社的品質管理 TQC（total quality control）を自社だけでなく部品メーカーにも普及させ，無検査受け入れシステムを実現することで，かんばん方式による同期化を実現した。1970 年に生産調査室（1991 年に生産調査部に名称変更）を設置して部品メーカーを指導し，1976 年からは部品メーカー同士の自主研究会も支援することで，暗黙知的知識の移転，埋め込み型知識（embedded knowledge）の習得を進めた。

【参考文献】山田・佐藤（2014）『マクロ組織論』第 2 章。高橋（2020）『経営学入門 第 2 版』第 3 章。

　サプライヤー（部品供給業者）→完成品メーカー→卸売→小売→最終消費者　と製品・サービスが最終消費者の手に渡るまでの連鎖をサプライ・チェーン（supply chain）という。その全体を俊敏に対応させダイナミックな最適化をめざすのがサプライ・チェーン・マネジメント（supply chain management；SCM）である。サプライ・チェーンのコントロール方法としては，

A）プッシュ方式（push system）……上流の企業は下流の会社から得られる情報に基づき需要予測をし，計画を立てて生産・供給する。生産の平準化はしやすい。

B）プル方式（pull system）……下流から上流に向けて来る注文に応じて，生産・供給する。

C）プッシュ・プル方式（push-pull system）……上流はプッシュ方式で需要予測に基づき部品の作り置きをして在庫をもち，下流はプル方式で顧客注文に応じて完成品に組み立てる。

　このうちAとCでは，需要予測問題に直面するが，その解決策として，コンビニ・チェーンはPOSシステム（point of sales system；販売時点情報管理）の情報を活用して在庫管理をしているし，小ロット化すれば，注文頻度も増え，需要変動に容易に対応できるようになる。さらに，期間限定の特売で価格を変動させ人を集めるハイロー（high-low）戦略だと需要変動が大きくなるので，常に低価格にするEDLP（everyday low price）戦略にするのも有効である。さらに，DBM（dynamic buffer management）では，あてにならない需要予測は止めて，安全在庫として，品目ごとの目標在庫量（バッファー）を実在庫量に連動させ，過剰在庫や欠品が起きないように，常に微調整する。

　近年，関税などの貿易障壁が緩和・撤廃されて，生産のグローバル化とネットワーク化が進んだ。こうした　サプライ・チェーンのグローバル化やサプライ・チェーンのスリム化は，コスト・ダウンや生産の効率化を可能にす

ると同時に，サプライ・チェーンの脆弱化ももたらす。日常的に起こる生産ライン停止や輸送の遅れといった定常的リスクだけではない，2011年の東日本大震災や2020年の新型コロナ・ウイルスなどでは，非定常的リスクすなわちサプライ・チェーンの途絶が起き，すぐにサプライ・チェーン全体がストップした。そこで，サプライ・チェーン・リスク・マネジメント（supply chain risk management）が必要になる。サプライ・チェーンの途絶に対処するには

(a) 予防活動……途絶前に行う行動。たとえば増産して在庫を積み増しておくだけではなく，リスクの高い国・地域を回避する回避戦略，為替変動には為替オプションなどの保険をかけておく移転戦略，冗長性（redundancy），柔軟性（flexibility），頑健性（robustness），復元性（resiliency），互換性（compatibility）の強化などがある。

(b) 応答活動……途絶後に行う行動。災害発生時を想定して，事業継続計画（business continuity planning；BCP）を練っておき，その運用・訓練・継続的改善を行う事業継続管理（business continuity management；BCM）がいわれるが，応答行動としては，途絶発生直後は事前に決められていた緊急時対応計画に基づく初期応答行動や復旧活動がある。

　完成品メーカーが海外に生産拠点を設立したとき，国際的な調達（購買）先としては，①本国からの調達，②進出先（ホスト国）での現地調達，③第三国からの調達のオプションがある。とはいえ，進出先政府が一定以上の現地調達率（金額ベース，部品点数ベース，重量ベース）などで現地調達を法律上義務付けるローカル・コンテント（またはローカル・コンテンツ）要求をしている場合は，嫌でもある程度現地調達をしなければならない。ただし，現地調達とはいっても，これまで使っていたサプライヤーを進出先に連れていく随伴進出（同伴進出）や自ら現地で部品を作ってしまう内製化というやり方もある。

【参考文献】富田・糸久（2015）『生産管理』第8章・第9章・第10章。大木（2017）『国際経営』第14章。

● III-13　イノベーション　■ ■ ■

　イノベーションは技術革新とも訳されるが，経営学の分野では，製品やサービスの開発・生産・流通にかかわるイノベーションが扱われる。歴史的には，1930年代に，オーストリア出身の経済学者シュンペーター（J. A. Schumpeter）が，イノベーションを新結合（new combination）だとして，①新しい財や，財の新しい品質の開発，②新しい生産方法と，財の商業的取扱いに関する新しい方法の開発，③新しい販路の開拓，④原材料ないし半製品の新しい供給源の獲得，⑤新しい組織の実現の5項目に分けて説明している。これを現代的な用語で意訳すれば，次のようになる。

① 　プロダクト・イノベーション……画期的な新製品・新サービスの創出

② 　プロセス・イノベーション……画期的な新しい開発・生産・流通プロセスの創出

③ 　マーケット・イノベーション……新しい市場や流通チャネルの創出

④ 　マテリアル・イノベーション……画期的な新しい部品や材料の創出

⑤ 　システム・イノベーション……画期的な新しいビジネス・システムの創出

　ただし，「画期的で新しい●●の創出」は，そのすべてが新しいことを意味しない。組み合わせが新しければ，すべてが新しい必要はないとされている。その意味も込めてイノベーションは新結合なのである。

　そして，1950年代になると，今度は，やはりオーストリア出身の経営学者ドラッカー（P. F. Drucker）が，企業の目的は利潤最大化の追求ではなく，顧客の創造にあるとし，そのための企業の最も基本的な活動がイノベーションだと唱えた。そして，イノベーションの本質は，より優れた，あるいはより経済的な製品やサービスを創造することを通じて，新たな顧客を獲得することにあるとした。イノベーションは企業の存続と成長に不可欠な存在で，マネジメントしなければならないものととらえていた。

1960 年代後半から 1970 年代にかけては，新製品開発活動プロセスに焦点を当てて，それを成功に導くための要因の実証分析が，次のようにいくつも行われた。

(a) 米国国防総省がスポンサーとなって検証された 20 の兵器システムの開発に関する Hindsight プロジェクト

(b) 5 産業 121 社 567 のイノベーションを対象として，その成功要因を分析した米国科学財団（National Science Foundation；NSF）のプロジェクト

(c) 英国サセックス大学が中心となって化学産業 22 ペアと科学機器産業 21 ペアの計43のイノベーションの成功事例と失敗事例のペアを分析したプロジェクト SAPPHO（Scientific Activity Predictor from Patterns of Heuristic Origins）

といった大規模な研究プロジェクトが行われた。このうち（b）に関わったマイヤーズ（S. Myers）とマーキス（D. G. Marquis）は「イノベーションとは，アイデア創出から問題解決を経て，最終的には経済的・社会的価値の実現へと至る，非常に複雑なプロセスである」と定義している。

　1980 年代半ば頃を境に，日本および日本企業も，フォロワー（追随者）からトップランナー（牽引者）へと立場が変わった。イノベーションは，企業の競争力を左右するだけではなく，私たちの生活を根底から変え，社会の在り方まで変えてきた。

　個々の製品やサービスは，遅かれ早かれ，いずれ成熟化する。シュンペーターが，イノベーションによる創造的破壊こそが資本主義の本質であると喝破したように，成熟化の限界を乗り越えるイノベーションこそが，経済の非連続的発展をもたらし，経済成長の原動力になる。そうしたことから，経済のグローバル化が進む中で，企業レベルの競争力向上だけではなく，国レベルの競争力向上の観点からナショナル・イノベーション・システムの研究も行われている。

【参考文献】近能・高井（2010）『イノベーション・マネジメント』第 1 章。

● III-14　魔の川，死の谷，ダーウィンの海 ■■■

　イノベーションのプロセスは，次の３段階（フェーズ）を経て進んでいく。

①　研究・技術開発活動……新しい製品のベースとなる要素技術を生み出す
　　活動

②　製品開発活動……実際に市場で販売できる新製品を生み出す活動

③　事業化活動……新製品を投入する市場を開拓・拡大し，収益を確保する
　　仕組みづくりを行っていく活動

　ただし，このプロセス全体を１社で全部やる必要はない。むしろ，どのフ
ェーズを自社でどの程度やり，どのフェーズを他社にどの程度任せるのかが
イノベーション・マネジメントとしては重要で，きわめて戦略的なマネジメ
ントになる。

　しかも，必ずしも①→②→③と一方向に進む（これをリニア・モデルと呼ぶ）
わけではない。日本企業，特に技術者は，技術さえ良ければ，画期的な新製
品ができて，会社の収益につながると，勝手にリニア・モデルで発想しがち
であるが，現実には，そんな虫のいい話はない。

　こうしたリニア・モデル的な考え方，すなわち，技術の進歩が新製品の開
発を刺激し，結果としてイノベーションが生じるという方向性の考え方をテ
クノロジー・プッシュ（technology-push）と呼ぶが，実は，まったく逆方向に，
「必要は発明の母」的な考え方もある。市場のニーズが端緒となって研究・
技術開発を刺激し，その結果としてイノベーションが生じるというもので，
ディマンド・プル（demand-pull）と呼ばれる。しかし実際には，一方的なテ
クノロジー・プッシュも一方的なディマンド・プルもほとんどないことが分
かってきている。現実には，行きつ戻りつしながら，十分な技術的基盤と大
きな市場ニーズが結びつくようになって，はじめて成長や収益へとつながる
のである。

　そもそも，①研究・技術開発で優れた要素技術を開発できても，②製品開

発との間に横たわる魔の川に阻まれて，新製品開発に踏み切れないかもしれ
ない。それは必ずしも新しい要素技術が劣っていたからではない。なぜなら，
そんなときは，せっかくの画期的な特許でも，自社で自己実施せずに，他社
にライセンス供与してしまうことがよくあるのだが，ライセンス供与を受け
た他社が，それをもとにした新製品を売り出して大成功を収めてしまったな
どということもあるからだ。魔の川を渡れるかどうかは，単に要素技術の良
し悪しの問題ではなく，経営者の決断やイノベーション・マネジメントの上
手下手の問題だと言える。

　魔の川を渡って，②製品開発に進んでも，死の谷と呼ばれるハードルを越
えなければ，③事業化にたどり着けない。そもそも新しく画期的であればあ
るほど新要素技術の不確実性は高く，新製品開発に失敗するリスクも高くな
る。それに加えて，試作段階では問題がなかったのに，量産化で設備の規模
を大きくした途端にトラブルに見舞われるスケールアップ問題も起こる。さ
らに，①で要素技術を開発した際には，比較的少人数の組織（研究室）で行
っていたのに，②の製品開発ともなると，数百人，数千人の技術者が自社・
他社にまたがって関与することも多く，組織運営の面でも格段に難しくなる。
それゆえ，特に，小規模のベンチャー企業にとっては，まさに死の谷となっ
てしまうのである。

　幸い顧客ニーズとの乖離もなく，死の谷を越えて③事業化にこぎつけ，新
製品の市場投入に成功したとしても，その後，続々と参入してくる競合他社
との間で市場を巡る競争が激化していくことになる。ダーウィンの進化論の
生存競争のようにダーウィンの海で勝ち残るためには，収益を安定的に確保
するための仕組みを構築する必要がある。たとえばコピー機の分野では，**ゼ
ロックス**は，高額の製品を作って売るのではなく，安価な基本料金でレンタ
ルし，利用度に応じて課金するビジネスモデルを構築できたことで生き残っ
た。

【参考文献】 近能・高井（2010）『イノベーション・マネジメント』第2章。

155

　新製品や新サービスが時間をかけて世の中に広がっていく現象はイノベーションの普及（diffusion of innovation）と呼ばれる。**ロジャーズ**（E. M. Rogers）は『イノベーション普及学』（1982 年）の中で，次のような普及モデルを提唱した。

A）グラフの縦軸に累積のイノベーション採用者数をとり，横軸に経過時間をとれば，プロットされた曲線は典型的には S 字型になる。

B）縦軸に一定期間ごとの新規のイノベーション採用者数をとり，横軸に経過時間をとれば，プロットされた曲線は典型的には釣り鐘型の正規分布になる。これを普及曲線（diffusion curve）という。

　その上で，新製品の普及に伴い顧客タイプは変化していくとし，顧客を次の 5 カテゴリーに分類して特徴づけた。

①　革新的採用者（innovators）……最も採用時期が早い最初の 2.5％。製品に関する技術的知識が深く，新しいモノは試してみる好奇心旺盛なマニア。

②　初期少数採用者（early adopters）……次に採用する 13.5％。マニアではないが流行に敏感で，周囲の人間の購買行動に影響を及ぼすオピニオン・リーダー。

③　前期多数採用者（early majority）……その次に採用する 34％（ここまでで 2.5＋13.5＋34＝50％）。比較的早い時期に流行に乗る一般消費者。

④　後期多数採用者（late majority）……その後で採用する 34％。半数以上の人が乗ってから流行に乗る慎重な一般消費者。

⑤　採用遅滞者（laggards）……最後になって採用する残りの 16％。非常に保守的。

　最初はオタクだけが使っていたものを，やがて流行に敏感なオピニオン・リーダーが使い始め，一般消費者に広がっていくという，いかにもありそうな展開なので，色々な分野で広く受け入れられた。

もっとも，疑問点も多い。そもそも，元の分布がなんであれ，累積度数分布はＳ字型になるものなので，Ａは当たり前である。また，2.5％，13.5％，34％……という区切りの数字は，正規分布では平均から±標準偏差１倍の区間内に約68％，±標準偏差２倍の区間内に約95％のものが含まれるという正規分布の性質を書いているだけで，標準偏差を境に顧客の特性が変わる根拠はどこにもない。そもそも横軸を経過時間にとったときに，Ｂのように正規分布になる理由はなく，実際，普及曲線の形状は製品によって大きく異なり，とても正規分布には見えないことの方が多い。

　ただし，最初期のリード・ユーザー（lead user）が，自ら新製品を開発するイノベーターの役割を担うユーザー・イノベーション（user innovation）という現象は知られている。フォン・ヒッペル（E. von Hippel）によれば，イノベーションを商業生産に適応可能な状態にまで最初に推進した個人・企業を調べたら，実はユーザーが多かったというのである。こうしたことから，ユーザー・イノベーションを促進するために，ユーザーやユーザー・コミュニティに対し，ツール・キットや補完的な製品・サービスを提供することも行われている。

　リード・ユーザーを企業の新製品開発活動に取り込んで，彼らの使用による学習（learning by using）の経験・知識を参考にして新製品の開発を行う手法はリード・ユーザー法（lead user method；LU法）と呼ばれ，そのために，企業側がリード・ユーザーを芋づる式に探索して探すピラミッド・ネットワーキング（pyramid networking）という方法も提案されている。これとは逆に，ユーザーが自らの存在を積極的に企業側に伝えて商品アイデアを発信するユーザー起動法（user-driven method；UD法）もあるが，その場合には，一人のユーザーが提案したアイデアに対し，他のユーザーが修正，追加，洗練したりする集合的顧客コミットメントとセットにすることもある。

【参考文献】近能・高井（2010）『イノベーション・マネジメント』第3章。宮崎（2011）『事業戦略』第10章。高橋（2015）『経営統計学』第2章・第3章。

● III-16　生産性のジレンマ（A-U モデル）■ ■ ■

アバナシー（W. J. Abernathy）は，アッターバック（J. M. Utterback）と 1970 年代に，A-U モデル（Abernathy-Utterback model）を提唱した。その完成形であるアバナシーの『生産性のジレンマ』（1978 年）の用語法に基づくと，A-U モデルは次のようになる。

まずイノベーションを次の 2 種類に分けて考えた。

A）製品イノベーション（product innovation）……製品そのもの及びその要素技術に関するイノベーション。

B）工程イノベーション（process innovation）……製品を生産するための工程及びその要素技術に関するイノベーション。

ある製品分野（産業）の製品イノベーションと工程イノベーションの発生頻度をセットで観察したとき，次の 3 段階を経て変化するという一般に共通したパターンを発見したとする。

①　流動状態（fluid state）……産業が立ち上がる時期（流動期）の状態。そもそも製品コンセプトが固まっておらず，製品イノベーションの発生頻度が高い。そのため，人の技能に依存して労働集約的に生産が行われ，工程イノベーションの発生頻度は低い。

②　移行期（transition）……その後の技術的基準となる製品デザインであるドミナント・デザイン（dominant design）が登場し，製品として持つべき主たる機能，そのための主要な要素技術，全体としてのデザインが定まると，製品イノベーションは特定機能向上に焦点が移り，発生頻度が中程度に下がる。他方，需要増加に応じるために効率的に大量生産することが必要になり，今度は工程イノベーションの発生頻度が高くなる。

③　特化状態（specific state）……効率的な大量生産システムが確立された以降の時期（固定期）は，製品イノベーションも工程イノベーションもともに発生頻度が低い。

このA-Uモデルが正しければ，生産システムは，

流動状態では《柔軟だが非効率的》

特化状態では《硬直的だが効率的》

ということになり，生産システムの柔軟性と効率性の間にはトレードオフの
関係があるように見える。つまり，生産システムの効率性と柔軟性は両立し
ないということになる。これを生産性のジレンマ（productivity dilemma）と
呼んだ。

　ドミナント・デザインとして有名なのは，1908年発売の自動車T型フォ
ードである。試行錯誤を繰り返した流動的な製品デザインの中から，それま
でに個々に導入されてきた複数の要素技術のイノベーションを一つの製品デ
ザインとしてまとめあげたものとして登場した。

　そもそも1900年代の米国では，蒸気自動車5割，電気自動車3割，そし
てガソリン自動車は劣勢の三番手で2割だった。そこに登場したガソリン自
動車T型フォードは，まだ自動車道路のない時代でも，使いやすくて頑丈，
軽量・高馬力，機構が簡単で修理しやすい車で，とにかくよく売れた。こう
してドミナント・デザインが定まると，今度はフォード自動車の工場で，T
型フォードに特化した工程イノベーションが加速する。それまでは定置組立
方式だったが，1913年から移動組立方式の導入が始まり，互換性部品，専
用工作機械，作業の細分化・高度化などからなる生産方式フォード・システ
ムが確立していく。

　T型フォードは1927年の生産中止までの20年間に実に1500万台も生産
された。しかし，T型の次のA型にモデル・チェンジする際には，半年も工
場が閉鎖され，完全操業再開までには1年以上もかかった。工作機械の半分
はT型専用だったために廃棄・放置されたともいわれる。T型フォードの生
産システムは，T型に特化したことで，まさに効率的ではあったが硬直的だ
ったことになる。

【参考文献】近能・高井（2010）『イノベーション・マネジメント』第3章。

　フォスター（R. N. Foster）は『イノベーション』（1986年）で，（a）一つの
製品の技術開発のために投入された時間（正確には，技術開発への資源の累積
投入量；研究開発投資額を代理変数に使うこともある）を横軸にとり，（b）その
製品のパフォーマンス（たとえば，処理スピード，信頼性，耐久性，特定の機能
スペック）を縦軸にとると，

① 当初は試行錯誤の繰り返しで緩やかなペースでしか進まない技術進歩が，

② 課題と解決の方向性がはっきりするとペースが加速し，

③ やがて，自然法則に起因する限界に近づくとペースが鈍化することで，

技術進歩のS字曲線（S-curve）になると主張した。これは，連続的・累積的・
漸進的なインクリメンタル・イノベーション（incremental innovation）を表し
ている。

　それに対して，成熟産業での脱成熟化（de-maturity）のように，旧来製品
のS字曲線から新製品のS字曲線へとシフトする画期的・非連続的・急進
的なラディカル・イノベーション（radical innovation）もあり，脱成熟化によ
ってもたらされた新しい成熟化過程は，再成熟化過程と呼ばれる。

　イノベーションの担い手としては，業界内の新興企業と既存大企業を対比
させる議論が多い。初期のシュンペーター（J. A. Schumpeter）は，新興企業
のアントレプレヌール（entrepreneur；企業家）がイノベーションの重要な担
い手であると強調していた（これをシュンペーター・マークⅠという）。イノベ
ーションは，過去に蓄積した資源や能力（特に知識やノウハウ）が利用でき
る能力増強型イノベーション（competence enhance innovation）と，それらが
全く役に立たなくなる能力破壊型イノベーション（competence destroy innova-
tion）に分けることがあるが，ラディカル・イノベーションを調べると，（a）
能力増強型では既存大企業が主導したケースが多く，（b）能力破壊型では新
興企業が主導したケースが多いという事例分析もある。後期のシュンペータ

ーも，大企業内部でのイノベーションの役割を重視するように変わった（シュンペーター・マークⅡ）。その後，多くの実証研究が行われたが，結果はまちまちで，マークⅠとマークⅡのどちらが正しいのか，結論は出ていない。

　そんな中で，既存大企業の競争力に負の影響を与えるタイプのイノベーションが指摘されている。旧製品のＳ字曲線から新製品のＳ字曲線にシフトする際，これまでは，製品性能を向上させるように次々と上方連続に技術進歩のＳ字曲線を乗り換えて，連続的な軌道を描いて製品性能を向上させていくものだと考えられていた。これを持続的イノベーション（sustaining innovation）と呼ぶ。ところが，それとは対照的に，短期的には製品性能がガタ落ちするにもかかわらず，下方不連続に技術進歩のＳ字曲線を乗り換えていく軌道を描くこともある。1990年代，**クリステンセン**（C. M. Christensen）は，軌道が下方不連続に破断しているという意味で，それを分断的イノベーション（disruptive innovation）と呼んだ。破壊的イノベーションと意訳されることもあるが，それはクリステンセンの『イノベーターのジレンマ』（1997年）にあるように，顧客の要求に応えるイノベーターが没落してしまうという破壊的インパクトを伴っていたからである。クリステンセンは，こうしたジレンマが発生する理由を，資源依存理論の考えをもとに技術的トラジェクトリ（trajectory；軌道）の視点から説明する。

　実際，米国のハード・ディスク・ドライブ（HDD）産業はその好例で，PCメーカーがより大記憶容量のHDDを求めていたので，既存のHDDのメーカーはそれに応えて性能向上に取り組んでいた。しかし新興HDDメーカーが作る「おもちゃ」にみえていた小さいHDDでもPCメーカーの要求を満たすようになると，それでも十分だと主役の座をとって代わられ，既存HDDメーカーは没落していった。これがイノベーターのジレンマである。ただし，日本のHDD産業ではそのような現象は起きなかった。

【参考文献】近能・高井（2010）『イノベーション・マネジメント』第3章・第5章。山田・佐藤（2014）『マクロ組織論』第9章。

● III-18　技術ロードマップ　■ ■ ■

　コア技術の将来像と，それを達成するための道筋を描き出したものを技術ロードマップと呼んでいる。米国半導体メーカーのインテルの創業者の一人であるムーア（G. E. Moore）は，1965 年に「18 カ月ごとに半導体の集積度が 2 倍になる」というムーアの法則を提唱した。これは，関連企業群に開発すべき具体的な技術目標と達成期限を明示することで，関係者たちの対話の共通の土台となったが，これも技術ロードマップの一形態といえる。

　技術ロードマップを最初に作ったのは米国モトローラで，1970 年代後半に技術の発展と製品の展開の関連を示すためだったといわれている。現在では，技術ロードマップで，技術発展の将来的な方向性が，(a) 市場，(b) 製品，(c) 技術の 3 レベルで，時間軸に沿って工程表的に描かれることが多い。より具体的には，

A）時間軸として 5 年後・10 年後・……あるいは 2025 年・2030 年・……といった区切りの時期を示した上で，

B）各時期の

　　(a) 将来の市場動向

　　(b) 市場に投入される将来の製品ラインナップ

　　(c) それに必要とされる技術の道筋

　　を定量化しうる指標などで特徴づけて描き，

C）さらに，それらを実現するために必要とされる研究・技術開発戦略や投資戦略を入れ込んでいく。

　その際，技術ロードマップでは，「新技術が提供できる顧客価値」つまり顧客のベネフィットを明確に伝える必要がある。

　技術ロードマップは，各企業でも描かれるが，国レベルでも日本では経済産業省が中心となって『技術戦略マップ』を作成・発表している。産業レベルの技術ロードマップの成功例として知られるのは，米国国防総省と米国半

導体業界が共同出資して1987年に設立した半導体共同研究コンソーシアムSEMATECH（Semiconductor Manufacturing Technology）が作成した半導体ロードマップである。後に欧州，日本，韓国，台湾の企業も加わってSEMATECH Internationalとなって，国際半導体技術ロードマップ（International Technology Roadmaps for Semiconductor；ITRS）が1999年から作成・公表されるようになった。

　米国インテルは，ITRSの主要メンバーとして，ムーアの法則に基づいた技術ロードマップの作製を推進すると同時に，独自の半導体技術ロードマップも作成して，技術開発の進捗状況をたえず点検している。もっとも，2010年代後半から半導体の開発ペースが鈍化し始めたために，ムーアの法則のペースが維持できなくなるとの説が広まりだし，「ムーアの法則は終わった」ともいわれる。

　技術ロードマップが必要になるのは，そもそも技術の研究・開発や，それを利用した製品の開発には，長い時間を要するからである。これは半導体やエレクトロニクスに限られる話ではない。たとえば，強くて軽い炭素繊維は，宇宙・航空機産業では機体軽量化（燃費向上）の観点から，早くから期待されていたが，**東レ**の炭素繊維「トレカ」が**ボーイング**の航空機の機体構造材として採用されるまでには，東レが研究開発を始めてから実に半世紀近い歳月がかかっている。

　しかし，その間，炭素繊維がまったく売れないのであれば，研究開発を続けることはできない。そこで，航空機に使われるよりも前は，釣り竿，ゴルフクラブ，テニスラケットといったスポーツ用途や自動車部品，風力発電用ブレード，PCの筐体といった産業用途に炭素繊維は使われてきた。研究開発を続けるには，炭素繊維の用途開発の道筋を描くことも重要になる。技術ロードマップ作成の際は，このような新技術の用途の発見にも留意する必要がある。

【参考文献】近能・高井（2010）『イノベーション・マネジメント』第6章。

● III-19　業界標準

　英語の standard は，標準，規格，スタンダードと訳される。これは，形，寸法，質，重さ，データの記録や読み取り方式，電気や信号のやりとり方式などに関する定められた共通のルール，取り決めを意味している。このうち，ある業界内で広く認められた共通ルールを業界標準（industry standard）という。業界標準は，その決まり方で大きく 3 つに分けられる。

A）デジュリ・スタンダード（de jure standard；公的標準）……国際的機関や行政機関が定める標準。デジュール・スタンダードと発音されることもある。典型例として，国際標準では

　(a) ISO（International Organization for Standardization；国際標準化機構）の ISO 規格

　(b) IEC（International Electrotechnical Commission；国際電気標準会議）の IEC 規格

　(c) 日本の国家標準では JIS（Japanese Industrial Standards；長らく日本工業規格と呼ばれてきたが，法改正に伴い 2019 年から日本産業規格に改称）

などはよく耳にするだろう。JIS 規格は，ISO 規格・IEC 規格と整合化が図られている。この他にも，欧州標準化委員会（Comité Européen de Normalisation；CEN）が定めるような地域標準や，IEEE（Institute of Electrical and Electronics Engineers；電気・電子技術者協会）のような学会で作成される団体標準などがある。

B）デファクト・スタンダード（de facto standard；事実上の標準）……競争の結果として市場で大勢を占め，事実上の標準として機能するようになった規格。有名な例は，家庭用のビデオ・テープ・レコーダー（VTR）の規格間競争である。1975 年にソニーがベータ方式，1976 年に日本ビクター（現 JVC ケンウッド）が VHS 方式の VTR を発売し，どちらにも一長一短がある中で，激しい競争が行われた結果，多くの企業が VHS

方式を採用したことで，1980年代半ばにはVHS方式がVTRの事実上の標準になった。

C）コンソーシアム型スタンダード……市場で競争になる前に，複数の企業が協議して，一つの規格を標準とするように合意した規格で，コンセンサス標準（合意標準）とも呼ばれる。コンソーシアムとはこのような協議を行う組織のことで，他にもフォーラムなどさまざまな呼び方がされる。

ただし注意がいるのは，デファクト・スタンダードの例として登場するVHS方式もベータ方式も，実は，どちらもJIS規格になっているということである。つまり，VHS方式は，デファクト・スタンダードでありながら，同時にデジュリ・スタンダードでもあったことになる。このように，A）とB）は排反ではないので注意がいる。また，一般的に「業界標準」といったとき，狭義に，B）デファクト・スタンダードだけを指すことも多いので，これまた注意がいる。

とはいえ，いったん市場で規格間競争が始まると，競争が激化して長引き，企業側にとってもリスクになるので，A）やC）のように，規格を最初から統一して市場をスムーズに立ち上げた方がみんなにとって得だという認識が強まってきたのも事実である。

もっとも，市場競争を回避したからといって競争がなくなるわけではない。1995年に発効した「貿易の技術的障害に関する協定」（WTO/TBT協定）は，WTO加盟国が国家標準を新たに策定する場合には，ISOなどの国際標準を基礎として用いることを求めているが，その国際標準を決める舞台裏では，各国政府・各企業の駆け引きが激化している。実際，各企業は，デジュリ・スタンダードの決定を巡って，ISOやIECの関係者に対して，積極的なロビー活動を行っている。

【参考文献】近能・高井（2010）『イノベーション・マネジメント』第7章。宮崎（2011）『事業戦略』第8章。山田・佐藤（2014）『マクロ組織論』第9章。

業界標準をめぐる競争は，次の2つに大別される。

A）規格間競争……異なる規格間での業界標準獲得をめぐる競争で，VTR
におけるVHS対ベータの競争がこれにあたる。

B）世代間競争……業界標準となった旧世代規格と，新たに提案された新世
代規格の間の競争で，DVD対ブルーレイの競争がこれにあたる。

　どちらの場合も，規格間で互換性に制約があるという前提で説明するが，
こうした競争で問題になるのは，ネットワーク外部性（network externality）
である。これは，製品のユーザー数が増大するほど，その製品から得られる
便益が増大するという性質を指している。ネットワーク外部性には，直接的
効果と間接的効果がある。たとえば通信ネットワークでは，加入者が多くな
ればなるほど，その通信ネットワークを通じて交信可能な人数が増え，魅力
が増すことになるが，これは直接的効果である。それに対して，たとえばゲ
ーム機であれば，ユーザー数が多くなればなるほど，その製品向けのゲーム・
ソフトのような補完材（complementary goods）が，多様かつ低価格で開発・
販売されることになり，その製品を使うことの便益が増すことになる。これ
が間接的効果である。

　こうしたネットワーク外部性が強く働く製品の市場では，「独り勝ち」
（"Winner takes all"）の状態が生じやすいといわれる。ある規格の製品が既に
獲得している総ユーザー数のことをインストールド・ベース（installed base）
と呼ぶが，一般に，このインストールド・ベースがクリティカル・マス（crit-
ical mass；臨界値）を超えると，正のフィードバック（拡大循環）になり，自
己増殖的にどんどん勝手に市場普及率が増大して，最終的に独り勝ち状態に
なるといわれている。クリティカル・マスは，日本では普及率2〜3％だと
主張する説もあり，仮にそうだとすると，普及曲線で，マニア的な革新的採
用者（innovators）から，オピニオン・リーダー的な初期少数採用者（early

adopters）に切り替わる頃にあたる。

　さらに規格間のスイッチング・コスト（switching cost；乗り換えコスト）も重要になる。かつて 1960〜1970 年代に世界のメインフレーム・コンピュータ市場で 70％以上のシェアを誇っていた IBM は，クローズド・ポリシー（クローズド戦略）をとっていた。自社規格の仕様の公開や他社利用を極力避け，自社規格の製品で IBM 単独で市場を独占しようとしたのである。このため，他社製品とは互換性のないハードやソフト，周辺機器をすべて自社で開発・生産していた。これは，弱小な競合他社が，IBM のコンピュータと互換性がある（コンパチブル；compatible）ことを売りにしてコンピュータを売り込んでいたので，対抗上，必要な策でもあった。

　それに対して，VTR 市場で劣勢だった日本ビクター（現 JVC ケンウッド）は，ファミリーづくりの戦略をとった。自社規格 VHS 方式の技術の仕様を他社に広く公開し，普通なら門外不出の試作機まで他社に無償で貸し出し，他社に広く利用してもらうオープン・ポリシー（オープン戦略）で，VHS 方式を業界標準にすることに成功した。そして，かくいう IBM も，1980 年代に，出遅れた PC 市場に後発参入する際は，徹底したオープン・ポリシーをとり，自社の PC 規格の仕様を広く外部に公開して，自社製品向けのソフトや周辺機器を外部の企業に自由に開発・販売させた。PC の基幹となる CPU をインテルから，OS をマイクロソフトから調達したことは象徴的だった。このことで，参入の翌年には先行するアップルを抜いて販売額で首位になり，IBM PC は業界標準となった。とはいえ，いったんオープンにすると，互換性がある他社製品がどんどん登場し，規格内競争で優位性を維持することは難しくなる。IBM も PC が商業的に成功すると，クローズド・ポリシーに戻そうとしたが，もはや IBM PC 互換機を作る競合他社が PC 市場を席捲することを防げなくなっていた。

【参考文献】近能・高井（2010）『イノベーション・マネジメント』第 7 章。宮崎（2011）『事業戦略』第 8 章。

● III-21　製品アーキテクチャ　■ ■ ■

　製品を構成する個々の部品や要素の間のつなぎ方，製品としてのまとめ方のことを製品アーキテクチャと呼ぶ。製品アーキテクチャは，（a）部品間相互依存性と（b）部品の汎用性の2軸によって特徴づけられる。

　（a）部品間相互依存性が高い製品アーキテクチャはインテグラル型または事後すり合わせ型と呼ばれ，事前には部品間の組み合わせ方のルールを完全には決めておかず，開発の過程で，部品間で設計を調整・変更しながら全体最適を目指す。自動車は典型的で，走行安定感，乗り心地，燃費といった機能は，多くの部品の組み合わせとバランスで決まる（技術的には部品と機能の配分構造が多対多）ために，すり合わせが必要になる。

　それに対して，部品間相互依存性が低い製品アーキテクチャはモジュラー型または組み合わせ型と呼ばれ，事前に組み合わせ方のルールを決めた独立性の高い部品「モジュール」を積み木やレゴブロックのように組み合わせて製品システム全体を構成することができる。組み合わせ方のルールさえ守っていれば，他の部品の設計に変更を求めることなく，部品ごとに設計・開発を独立して行える。典型例は，もはや一体の製品としてのイメージすらないPCシステム（PC及び周辺機器からなるシステム）で，部品と機能の配分構造が極端に言えば1対1なので，たとえば記憶容量を増やそうと思ったら，USBメモリや外付けHDDをつなげばよく，他の部品との調整は必要ない。ただし統一感はなく（実際，色も形状もバラバラ），製品システム全体の最適設計も難しい。

　より具体的には，部品同士が物理的に接している部分あるいは部品間でエネルギーや信号のやりとりが行われる部分であるインターフェイス（interface）を標準化しておけば，このことは実現できる。PCと各種周辺機器をつなぐコネクター端子は，インターフェイスの代表例である。もっとも，コネクター端子もいまや無線Wi-Fiやブルートゥース（Bluetooth）にとってか

わられつつあるが，その場合も物理的なコネクターはなくなっても，通信プロトコルがインターフェイスとなっていて，無線通信規格として標準化されている（なので簡単につながる）。一般に，部品と機能の配分構造とインターフェイスを合わせてデザイン・ルールという言い方もする。

　一方，（b）部品の汎用性とは，部品がどのくらい標準的な仕様なのかということである。公的であれ事実上であれ「標準」に則っていれば，汎用性は高い。たとえば，乾電池は日本で発明されたが，単一形，単二形，単三形……は JIS 規格や IEC の国際標準になっているので，「単〇形」さえ合っていれば，世界中のどこのメーカーの乾電池であっても，どんな製品にも使えて汎用性が高い。しかもどこのコンビニでも売っていて一般に入手可能である。これをオープン型と呼んでいる。それに対して，電池でも，特定の製品に特化して特殊な形状をしていて，特別に注文しないと入手できないようなものをクローズド型という。

　以上の説明から容易に想像がつくが，モジュラー型とオープン型，インテグラル型とクローズド型は相性がいい。自動車はインテグラル・クローズド型で，別々の会社の色々な車種の部品を持ち寄って組み立ててみても，とても実用に耐えるような車にはならない。実際，カーナビやオーディオでさえ，純正品以外を取り付けると，後で色々と不自由なことが発生して悩まされることになる。

　それとは対照的に，モジュラー・オープン型の場合，顧客ニーズ（製品スペック）に応じて，市場で部品を調達し組み合わせることで，各顧客用にカスタマイズすることができる。このミックス・アンド・マッチ（mix and match）を PC で行ったのがデルの受注生産 BTO 方式（build to order）で，これで無在庫を実現して，旧モデルの在庫リスクの回避に成功した。ただし，これが行き過ぎると，差別化ができなくなり，顧客側がほとんど違いを見出せなくなるコモディティ化が起こる。

【参考文献】近能・高井（2010）『イノベーション・マネジメント』第 8 章・第 12 章。

　製品開発プロセスにおいて，上流から下流へ，フェーズA→フェーズ
B→……と上流のフェーズが終了してから次の下流のフェーズへと引き渡し
ていくやり方は，シーケンシャル（逐次的）なプロセスと呼ばれる。たとえば，
Aは設計，Bは金型開発とすると，Aのアウトプットである設計ができてから，
Bで金型が開発される。

　それに対して，上流のフェーズAの終了を待たずに，一部同時並行して
次の下流のフェーズBを始めるやり方をコンカレント・エンジニアリング
（concurrent engineering：CE）またはサイマルテニアス・エンジニアリング
（simultaneous engineering）と呼ぶ。これができれば，開発の開始から製品の
生産開始あるいは発売までにかかる時間である開発リード・タイムを短縮す
ることができる。

　ただし，フェーズAのおしりとフェーズBの頭がオーバーラップしてい
るわけだから，先ほどの例でいえば，Aで設計が固まらないうちに，いわば
フライングで，Bで金型開発を始めてしまうことになる。もしもAの終わ
り頃になって重大な設計変更があると，既に始めていたBの金型開発がご
破算になる可能性も当然ある。それを避けるには，AとBの担当部署間で
信頼関係を構築して，双方向の緊密なコミュニケーションをとっておく必要
があるわけだが，これについては，もともと日本の自動車メーカーは上手に
やっていたといわれる。

　実際，**クラーク**（K. B. Clark）と**藤本隆宏**によれば，1980年代の普通自動
車の新製品開発では，日本の自動車メーカーの方が，設計と金型開発のオー
バーラップを大胆に行っていたにもかかわらず，金型費用に占める設計変更
に伴う費用の割合は顕著に低く，米国の自動車メーカーの30〜50％に対し
て，日本の自動車メーカーは5〜20％で済んでいたといわれる。

　オーバーラップしていた日本の自動車メーカーの方が設計変更の費用がか

からないとは，一見不思議に思えるが，実はそう不思議でもないのである。たとえば，ボディの形状を少し設計変更しただけでも，溶接ライン，塗装ライン，組立ラインを手直しする必要が出てくる可能性があり，そのために数億円の追加の設備投資が必要になるかもしれない。あるいは，設計上の問題で，現場で無理な体勢での組付け作業を強いることになれば，作業効率の低下や品質不良の増加を招く可能性があるが，シーケンシャルなプロセスを採用していたら，そうした問題が顕在化するのは，早くても生産準備が開始された後になる。設計をやり直すにも，生産ラインを変更するにも，この段階まで来てからやり直すと費用は膨大になってしまう。

　このように，上手くやれば，CE の方が開発生産性や総合製品品質も向上する。オーバーラップさせた上で，後に顕在化しそうな問題を早い段階から網羅的に洗い出し，できるだけ早期に問題をつぶしておくフロントローディング（frontloading）または問題解決の前倒しもできるようになる。製品開発プロセスでは変更時期が後になればなるほど，より広範な作業が無駄になり，より大きな損失額になる。このため，できるだけ前倒しで問題解決をしておくことは，製品開発のパフォーマンス向上に最も有効な手段の一つとなるのである。

　実際，途中段階の設計図面をもとに，生産準備の部署や製造現場の部署が一緒になって問題点を検討するデザイン・ビューを何度も行って，問題解決の前倒しを行っている例もある。また，自動車産業では，有力な部品メーカーのほとんどは自社のエンジニアを自動車メーカーに常駐させており，ゲスト・エンジニアと呼ばれている。これは一企業内にとどまらない，自動車メーカーと部品メーカーとの間でのコンカレント・エンジニアリングであり，ゲスト・エンジニアを自動車メーカーに常駐させておくことで，部品メーカーも製品開発の早い段階から参加し，問題解決の前倒しを実現していることになる。

【参考文献】近能・高井（2010）『イノベーション・マネジメント』第 10 章。

　ある製品を構成する部品の生産や，あるビジネスを構成する業務のうち，もともと自ら手掛けていたのに，あるいは自ら手掛けることもできるのに，あえて外部企業に任せることをアウトソーシング（outsourcing）と呼ぶ。アウトソーシングする側をアウトソーサー，アウトソーシング先をアウトソーシーと呼ぶ。また，アウトソーサーがアウトソーシーを合併・買収することもあり，その場合は垂直統合（vertical integration）と呼ばれる。アウトソーシングには，いくつかの形態がある。

A）製造委託……生産だけを外部企業に委ねる形態。

　　イ）EMS（electronics manufacturing service）……エレクトロニクス産業で，自社ブランドをもたずに，複数の企業から同種の電子機器などの生産を一括して受託する業態。1990年代以降，EMS企業は急成長を遂げ，台湾の**フォックスコン**（Foxconn Electronics；鴻海精密工業）のような大手のEMS企業は，IBM，ヒューレット・パッカード（HP），アップルなどの大手企業を顧客としてPC，スマートフォン，プリンタなどの電子機器の生産を請け負っている。フォックスコンは，2016年に，経営が傾いていた日本の**シャープ**を買収したことでも有名になった。

　　ロ）ファウンドリ（foundry）……半導体の請負生産に特化した形態。台湾の**TSMC**（Taiwan Semiconductor Manufacturing Company）のようなファウンドリ企業は，欧米や日本の代表的な半導体メーカーから生産を請け負っている。こうしたファウンドリが存在しているおかげで，半導体産業では工場を持たずに設計に特化したファブレス（fabless）企業も存在できている。

B）開発委託……製品開発だけを外部企業に委ねる形態。

　　イ）デザインハウス……ICデザインハウスは，半導体メーカーを顧客として，半導体の回路設計だけを請け負っている専門企業のことであ

る。半導体回路設計の他にも，IT 製品やデジタル家電にもデザイン
ハウスが存在する。デザインハウスには比較的小規模の企業が多い。

ロ）IP プロバイダ……自社が開発した半導体の回路設計を多数の半導
体メーカーに販売する専門企業。日本の**ソフトバンクグループ**が
2016 年に買収した英国 **ARM**（アーム）などが有名。

ハ）**医薬品開発業務受託機関**（contract research organization；CRO）……
製薬企業を顧客として，医薬品開発のうち臨床試験の実施業務だけ
を請け負っている専門企業。

C）**開発・製造委託**……開発と生産の両方を受託する企業で，ODM（original
design manufacturing）と呼ばれる。台湾の ODM 企業は，PC や携帯電
話の開発・生産を手掛けており，特に PC については，台湾の ODM 企
業の存在感が大きく，2006 年度には世界で生産されるノート PC の 80
％以上を台湾の ODM 企業が開発・生産していたといわれる（ただし，
生産のほとんどは中国工場で行われていた）。ODM 企業は，そのほとんど
が大企業である。

D）**研究委託，研究・技術開発委託**……欧米の医薬品業界では，小規模なバ
イオベンチャー企業や大学などの公的研究機関がリード化合物（薬効を
もつと思われる物質）の発見やそれをもとにした物質探索の段階を担っ
ている。

この他にも，昔からある形態で，OEM（original equipment manufacturing；
相手先ブランド製造）がある。これは，受託企業が自社の製品をそのまま相
手先企業に提供し，相手先企業が自社ブランドで販売するもので，完成品メ
ーカーがライバルであるはずの完成品メーカーに製品を供給する。たとえば，
VTR 市場で劣勢だった**日本ビクター**（現 JVC ケンウッド）が，ファミリーづ
くりの戦略をとった際は，第 1 号機を OEM 供給しており，**シャープ**や**三菱
電機**は，当初，それを自社ブランドで販売して VHS ファミリー入りをしている。

【参考文献】 近能・高井（2010）『イノベーション・マネジメント』第 11 章。

● III-24　イノベーションの組織　　■ ■ ■

　クラーク（K. B. Clark）と藤本隆宏によれば，代表的な製品開発組織には，次の4つがある。

(a)　機能別組織

(b)　軽量級プロダクト・マネジャー型組織……各部門を代表する連絡担当者を通じて部門間調整をする軽量級プロダクト・マネジャー（PM）がいる組織。

(c)　重量級プロダクト・マネジャー型組織……部門間を強力に内的統合するだけでなく，製品コンセプトに責任を持って外的統合を行う重量級PMがいる組織。

(d)　プロジェクト実行チーム型組織……重量級PMがいて，さらに各エンジニアは機能別部門を離れ，プロジェクト専属のメンバーとして活動する製品志向の強い組織。

　これらは基本的に一企業内での話だが，企業内外のアイデアを結合して，新たな価値を創造するオープン・イノベーションも唱えられるようになり，その際は，自分の所で生まれたイノベーション以外は受け入れたくないという自前主義あるいはNIH（not invented here）症候群を克服する必要が出てくる。

　実は，多国籍企業でも同様の課題がある。そもそもR & D（research and development；研究開発）機能を海外子会社に持たせるかどうかの判断が先にあるし，企業の海外進出は輸出から始まり，販売子会社，工場，開発拠点の順に設立されるというウプサラ・モデル（Uppsala model）もある。それでも，海外R & D拠点は，次のような進出動機から設立されてきた。

(a)　ホーム・ベース活用型（home base exploiting；HBE）……各国市場のニーズに適応するという需要要因に基づいて，R & D拠点を現地に設立する。

(b)　ホーム・ベース増強型（home base augmenting；HBA）……本国では入手困難な知識や技術を海外拠点で吸収したいという供給要因からR & D

拠点を設立する。

そして，バートレット（C. A. Bartlett）やゴシャール（S. Ghoshal）らによれば，世界規模で様々な国にまたがるグローバル・イノベーション（global innovation）は，次の4つに分類される。

A）センター・フォー・グローバル型（center for global）……本国がイノベーションを主導し，それを海外に適用するパターン。グローバル型組織の多国籍企業でとられるパターン。

B）ローカル・フォー・ローカル型（local for local）……海外子会社が現地においてイノベーションの機会を察知・実現し，それを現地で利用するパターン。マルチナショナル型組織の多国籍企業でとられるパターン。

C）ローカル・フォー・グローバル型（local for global）……海外子会社で生まれたイノベーションが他の国にも適用されるパターン。途上国で生まれ採用されたイノベーションはリバース・イノベーション（reverse innovation）と呼ばれ，先進国に逆流することもある。

D）グローバル・フォー・グローバル型（global for global）……多くの海外子会社がグローバルに貢献するイノベーションを生み出し，本社と多くの海外子会社が互いに共有し合っているパターン。トランスナショナル型組織の多国籍企業でとられるパターン。

ただし，イノベーションの共有や知識移転は容易ではない。うまくいくには，(i) 受け手のモチベーションと吸収能力（absorptive capacity），そして，(ii) コミュニケーション・チャネル（多国籍企業内部の対内的交流と現地での対外的交流）は重要で，特に，各国拠点が自前主義で自分の所で生まれたイノベーション以外は受け入れたくないという NIH 症候群に陥らないようにする必要がある。

【参考文献】近能・高井（2010）『イノベーション・マネジメント』第10章。大木（2017）『国際経営』第9章・第13章。山田・佐藤（2014）『マクロ組織論』第3章・第5章。高橋（2020）『経営学入門 第2版』第16章。

索　引

索引

179

索
引

索引

185

人名，企業・団体名索引

著者紹介

高橋　伸夫（たかはし　のぶお）

1957 年　北海道小樽市に生まれる
1980 年　小樽商科大学商学部卒業
1984 年　筑波大学大学院社会工学研究科退学
同　年　東京大学教養学部助手
1987 年　東北大学経済学部助教授
1991 年　東京大学教養学部助教授
1994 年　東京大学経済学部助教授
現　在　東京大学大学院経済学研究科教授　学術博士（筑波大学）

主要著書

Design of Adaptive Organizations, Springer-Verlag, 1987（組織学会賞「高宮賞」受賞）
『ぬるま湯的経営の研究』（東洋経済新報社，1993 年）（経営科学文献賞受賞）
『日本企業の意思決定原理』（東京大学出版会，1997 年）
『鉄道経営と資金調達』（有斐閣，2000 年）（交通図書賞受賞）
『虚妄の成果主義』（日経 BP 社，2004 年）
『〈育てる経営〉の戦略』（講談社選書メチエ，2005 年）
『組織力』（ちくま新書，2010 年）
『殻』（ミネルヴァ書房，2013 年）
『経営学で考える』（有斐閣，2015 年）
『経営の再生 第 4 版』（有斐閣，2016 年）
『コア・テキスト経営学入門 第 2 版』（新世社，2020 年）

ライブラリ 経営学コア・テキスト＝別巻 2
コア・テキスト経営学キーワード

2021 年 5 月 10 日 ©　　　　初 版 発 行

著　者　高橋　伸夫　　　発行者　森平　敏孝
　　　　　　　　　　　　印刷者　馬場　信幸
　　　　　　　　　　　　製本者　小西　惠介

【発行】　　　　株式会社　**新世社**
〒 151-0051　東京都渋谷区千駄ヶ谷 1 丁目 3 番 25 号
編集☎(03)5474-8818(代)　　　サイエンスビル

【発売】　　　株式会社　**サイエンス社**
〒 151-0051　東京都渋谷区千駄ヶ谷 1 丁目 3 番 25 号
営業☎(03)5474-8500(代)　　　振替 00170-7-2387
FAX☎(03)5474-8900

印刷　三美印刷　　　　　製本　ブックアート

サイエンス社・新世社のホームページのご案内
https://www.saiensu.co.jp
ご意見・ご要望は
shin@saiensu.co.jp まで

ISBN978-4-88384-329-9
PRINTED IN JAPAN